Toutes les RECETTES de *Vivement dimanche prochain*

Du même auteur

Aux éditions Le Livre Qui Parle

Descente aux plaisirs, souvenirs d'une bouteille, 2012

Aux éditions Plon

Ces messieurs-dames de la famille, 2011
Recevoir vos amis à petit prix, 2010
Le Plaisir à petit prix, 2009 (J'ai Lu, 2010)
Mes confitures, 2008 (Le Livre de Poche, 2010)
Les Arbres et arbustes que j'aime, 2007
La Véritable Histoire des Jardins de Versailles, 2007
Les Recettes de cuisine de Vivement Dimanche Prochain, 2006 (Le Livre de Poche, 2008)
Mes vins plaisirs à moins de 10 €, 2005
CONSommateurs révoltons-nous ! 2004 (Pocket, 2005)
Mes vins préférés à moins de 10 €, Éditions 2004, 2003
Mon Marché Gourmand, 2003 (Le Livre de Poche, 2004)
Mes vins préférés à moins de 10 €, 2002
À table, en famille avec 15 euros par jour, 2002 (Le Livre de Poche, 2003)
Le Guide Coffe des pépinières, Plantes et arbustes, 2000
Le Verger gourmand, 2000
Fleurs bonheur, 1999
Le Potager plaisir, 1998
Le Marché, 1998 (J'ai Lu, 1998)
De la vache folle en général et de notre survie en particulier, 1997
Comme à la maison, tome 2, 1994 (J'ai Lu, 1999)
Comme à la maison, tome 1, 1993 (J'ai Lu, 1998)

Aux éditions Jungle (Casterman)

Les indispensables recettes inratables de Jean-Pierre Coffe, 2009
Les desserts de fêtes inratables de Jean-Pierre Coffe, 2008
Les desserts inratables de Jean-Pierre Coffe, 2008
Les recettes inratables de Jean-Pierre Coffe, 2007

(suite en fin d'ouvrage)

ISBN : 978-2-0812-9427-1

N° d'édition : L.01EPMN000629.N001

Dépôt légal : janvier 2013

editions.flammarion.com

Jean-Pierre
COFFE

Toutes les RECETTES de *Vivement dimanche prochain*

Flammarion

Introduction

Neuf ans de bonheur ininterrompu, ça compte. Neuf ans de liberté, c'est inespéré dans l'univers de la télévision aujourd'hui.

Pourquoi ai-je pris la décision d'arrêter, de me retirer d'une émission à succès ? Tout simplement pour pouvoir remettre les pieds et les mains dans le cambouis, retrouver les artisans, les industriels, être utile autrement *et faire avancer mes convictions qui me tiennent le plus à cœur*. Mes activités auprès de Leader Price sont essentielles *à mon équilibre et à mon engagement* : améliorer les produits industriels pour que les consommateurs puissent manger à leur faim des produits de qualité, à un prix juste est un combat auquel je veux me donner avec passion.

Pendant ces neuf années auprès de Françoise Coquet et Michel Drucker, j'ai eu l'opportunité durant une année de présenter des artisans, pas nécessairement des artisans des métiers de bouche, mais des femmes et des hommes qui représentaient un modèle dans leur domaine et un savoir-faire dont la France doit être fière.

Pendant une autre *saison*, j'ai montré la restauration d'un petit jardin, les aménagements qu'il est possible de réaliser à petit prix, pour améliorer l'environnement.

Et pendant les sept autres années, j'ai cuisiné – alors que ça n'est pas mon métier –, des plats qui rappelaient à nos invités leur enfance, leurs souvenirs... Tous les invités de *Vivement dimanche prochain* ne sont pas nés avec une cuillère en argent dans la bouche, et leurs souvenirs gastronomiques étaient souvent simples, modestes, élaborés par leur maman ou leur grand-mère, avec des produits bon marché, mais cuisinés avec amour et infiniment de tendresse. En présentant ces recettes, je me suis toujours arrêté sur les produits qui servaient à les élaborer et j'ai pu me convaincre et j'espère vous convaincre que la cuisine c'est facile, drôle, dès l'instant où l'on utilise de bons produits et que l'on connaît leur origine et leur usage.

Ces 192 recettes sont dans ce livre, et toutes ont été réalisées dans ma cuisine avec quelquefois la *complicité et le savoir-faire* de grands chefs. Si vous les réalisez, ce que je souhaite, faites-les comme elles sont indiquées, simplement, au moins une fois. Après, lors d'une deuxième expérience, quand vous aurez la recette bien en mains, vous pourrez y apporter votre touche personnelle.

Vous constaterez également que je n'indique pas les temps de préparation. C'est volontaire. La cuisinière débutante a besoin de pratique, et met plus de temps que celle qui a ses habitudes et cuisine régulièrement.

P-S : alors que mon aventure à *Vivement dimanche prochain* est terminée, j'ai une pensée reconnaissante pour Éric Bru, Mathieu Valentin, Nelly Pierdet et Jocelyne Rivière, qui chacun dans leur domaine, réalisateur-cadreur, ingénieur du son, maquilleuse et script, ont fidèlement été présents à mes côtés, et ce à chaque jour de tournage. Cette équipe est un peu ma famille professionnelle. Ils sont mes amis pour toujours, et j'espère un jour prochain recomposer cette famille pour de nouvelles aventures télévisuelles. Dans mon cœur, j'ai une place pour Dominique Colonna, Richard Valverde, Ted, Pascal, Alain, et tant d'autres collaborateurs qui composent la grande famille Drucker et son célèbre *Vivement dimanche*.

Les entrées

Asperges vertes du Pertuis crues et cuites, copeaux de jambon pata negra et parmesan à l'huile d'olive

Fabrice Luchini, brillantissime comédien, venait de découvrir la cuisine d'un grand chef, Éric Fréchon. Il voulait goûter à nouveau cette recette qui l'avait ébloui. Sans hésitation, Éric Fréchon nous a invités à tourner dans les cuisines du Bristol.

Ingrédients pour 6 personnes

2 kg d'asperges vertes (calibre + 22)
100 g de parmesan
10 cl d'huile d'olive
1/2 litre de bouillon de volaille
150 g de pata negra tranché fin
1 cl de vinaigre balsamique
Sel

Pointez, épluchez et lavez les asperges.

Faites des copeaux de parmesan au moyen d'un économe.

Faites cuire 12 pointes d'asperges dans une sauteuse avec un peu d'huile d'olive et du bouillon de volaille. Salez. En fin de cuisson, trempez-les dans de l'eau froide pour arrêter la cuisson. Râpez à cru le restant des asperges.

Dressage : disposez 3 pointes d'asperges, 3 copeaux de parmesan, 3 fines tranches de pata negra, 3 têtes d'asperges râpées à cru. Finissez d'un filet d'huile d'olive et d'un trait de vinaigre balsamique.

Recette d'Éric Fréchon

Chef des cuisines du Bristol – 112, rue du Faubourg-Saint-Honoré – 75008 Paris
Tél. : 01 53 43 43 00

Boudin blanc, purée de bananes

Plat typique de Noël, le boudin blanc s'imposait pour recevoir les vedettes de la tournée des chanteurs des années 1980. J'ai voulu sortir de la banalité du boudin blanc grillé et lui trouver un comparse gustatif, une purée de bananes relevée d'une pincée de noix de muscade.

Ingrédients pour 6 personnes

5 ou 6 bananes (1 kg environ)
2 belles cuillerées à soupe de beurre
6 boudins blancs (de 80 à 100 g chacun)
1 pincée de noix de muscade râpée
Sel fin, poivre du moulin

Préchauffez le four à 180 °C (th. 6).

Lavez les bananes. Incisez la peau sur la longueur jusqu'à la chair. Entrouvrez chaque fruit, salez, poivrez, et déposez une petite noisette de beurre. Rangez les bananes dans un plat allant au four, le fond recouvert d'un demi-verre d'eau. Enfournez pour 15 minutes. Après avoir retiré le plat du four, pensez à y mettre les assiettes afin qu'elles soient chaudes au moment du service.

Piquez chaque boudin avec une aiguille. Déposez-les dans une casserole, couvrez-les d'eau froide. Portez à ébullition, réduisez le feu et laissez frémir 3 minutes. Égouttez les boudins sur une assiette. Au moyen d'un petit couteau et d'un linge, retirez la peau.

Dans une poêle, faites chauffer 1 cuillerée à soupe de beurre, laissez rissoler doucement les boudins sur chaque face, 5 minutes en tout.

Avec une petite cuillère, récupérez la chair des bananes. Sur feu doux, dans une casserole, écrasez-la rapidement à la fourchette avec le reste du beurre et la noix de muscade. Rectifiez l'assaisonnement.

Sur chaque assiette chaude, dressez la purée de bananes et répartissez le boudin rissolé, tronçonné en 2 ou 3 morceaux.

Servez bien chaud.

Canapota

Marie-Anne Chazel voulait simplement une entrée, fraîche, pour servir à ses amis dans sa maison de Corse. J'ai débaptisé pour l'occasion la Caponata italienne, après avoir transformé la recette initiale.

Ingrédients pour 8 personnes

600 g d'aubergines
600 g de poivrons verts
2 oignons
4 tomates
150 g d'olives vertes dénoyautées
60 g de câpres
1 côte de céleri
2 cuillerées à soupe de vinaigre de vin
2 cuillerées à soupe de sucre en poudre
5 cuillerées à soupe d'huile d'olive
Sel fin, poivre du moulin

Lavez les aubergines sans les éplucher. Découpez-les en petits dés de 1 cm de côté environ. Mettez dans une passoire, saupoudrez légèrement de sel et laissez dégorger pendant une heure.

Après dégorgement, lavez-les à l'eau courante, épongez-les, puis faites-les revenir 15 minutes à feu vif dans 1 cuillerée à soupe d'huile d'olive. Salez, poivrez. Réservez.

Lavez les poivrons, épluchez-les grossièrement avec un couteau économe. Ouvrez chacun en deux, ôtez les graines et le filament blanc ; découpez en lanières d'environ 1 cm de large, puis faites-les revenir 15 minutes dans 1 cuillerée à soupe d'huile d'olive. Réservez.

Rajoutez si nécessaire un peu d'huile dans la poêle et faites revenir les oignons émincés en fines lamelles. Ils doivent rester blonds pendant toute la cuisson. Lorsque l'oignon est bien fondu, ajoutez les tomates pelées, épépinées et coupées en morceaux. Quand l'ensemble est souple et fondu, ajoutez les olives, les câpres et la côte de céleri découpée en petits dés. Mélangez. Ajoutez ensuite les aubergines et les poivrons et remuez l'ensemble pendant 5 minutes environ, avec un peu d'huile si nécessaire.

Mélangez le vinaigre avec 2 cuillerées à soupe d'eau et le sucre. Versez dans le plat, remuez, et mettez la préparation au frais pendant 24 heures.

Nota bene

Ce plat se conserve au frais de 2 à 3 jours et se mange froid. Plus il attend, meilleur il est.

Carpaccio de noix de saint-jacques, poire infusée aux agrumes

La date de la venue de Daniel Guichard, amateur de saint-jacques crues, a été l'occasion de rappeler quelques règles essentielles : la saison, d'abord, qui s'étend du 1er octobre au 15 mai ; les consommer fraîches plutôt que surgelées ; lire les étiquettes pour identifier la variété de la famille des Pectinidés utilisée. En Europe, la véritable coquille Saint-Jacques est Pecten maximus.

Ingrédients pour 4 personnes

2 kg de coquilles Saint-Jacques
50 cl de jus d'orange
1 combava
1 citron vert
1 citron jaune
1 g de poivre du Sichuan
25 cl d'huile d'olive
2 cuillerées à soupe de vinaigre de cidre
Sel, poivre du moulin

Faites décoquiller les saint-jacques par le poissonnier et ne gardez que les noix.

Épluchez les poires, coupez-les en morceaux et citronnez avec le jus du citron jaune pour qu'elles ne noircissent pas.

Dans une casserole, portez à ébullition le jus d'orange avec le poivre du Sichuan, puis plongez les poires dedans. Laissez infuser jusqu'à refroidissement, avant de filtrer le jus pour retirer le poivre. Remettez sur le feu pour le faire réduire de moitié, puis ajoutez le jus du citron vert, les cuillerées à soupe de vinaigre de cidre, l'huile d'olive, le sel fin et le poivre du moulin.
Réservez.

Coupez les noix de saint-jacques en fines tranches.

Dans une assiette, disposez les poires au centre, et faites une rosace avec les tranches de saint-jacques autour des poires. Ajoutez la vinaigrette et saupoudrez de zeste râpé de combava.

Crépinettes

Le président des charcutiers français a tellement fait pour convaincre ses adhérents du bien-fondé de la qualité charcutière qu'il fallait l'honorer. Ce fut fait grâce à Julien Courbet, notre invité, qui souhaitait rendre hommage à ses amis ostréiculteurs du bassin d'Arcachon et à leur tradition parfaitement girondine : les huîtres du bassin avec une crépinette, arrosées d'un délicieux vin blanc de Bordeaux.

Ingrédients pour 12 crépinettes

800 g de jambon maigre
200 g de lard
17 g de sel
2 g de poivre noir
20 g de cognac
Crépine de porc

Hachez ensemble tous les ingrédients à l'exception de la crépine avec une grille moyenne. Mélangez bien, formez des boulettes dans la paume de la main, puis aplatissez-les. Enveloppez de crépine de porc.

Vous pouvez les faire cuire de nombreuses façons : dans une noix de beurre, grillées, poêlées ou passées au four.

Dégustez avec des huîtres ou une salade.

Huîtres et crépinettes, une tradition girondine : pour Noël, les crépinettes sont servies avec des huîtres chez les ostréiculteurs tout autour du bassin d'Arcachon, ou s'égrènent de pittoresques petits ports ostréicoles aux cabanes colorées. À la mode du bassin, l'huître se déguste fraîche, nature, arrosée d'un filet de citron ou d'échalotes au vinaigre de vin. Les connaisseurs alternent la dégustation d'une huître fraîche avec celle d'une crépinette chaude, de pain de seigle beurré et de vin blanc.

Croustade de champignons et œuf poché

Mireille Darc est une cuisinière émérite très férue d'épices et d'arômes exotiques.
Grâce à elle, j'ai découvert le combava, sorte de lime cabossée, mais terriblement parfumée. Malheureusement, on le trouve peu et son usage est donc peu répandu.

Ingrédients pour 6 personnes

100 g de beurre
100 g d'oignons hachés
50 g d'échalotes hachées
1 kg de champignons de Paris
100 g de crème épaisse
6 croûtes de bouchées à la reine
Sel, poivre du moulin

Pour les œufs pochés

1 ou 2 œufs par personne
1 cuillerée à soupe de vinaigre d'alcool ou de vin
Sel, poivre du moulin

Laissez fondre le beurre dans une cocotte, ajoutez les oignons et les échalotes hachées finement, salez légèrement et laissez suer de 7 à 8 minutes.

Épluchez, brossez les champignons et coupez-les en gros quartiers. Divisez les champignons en trois tas de même poids. Hachez séparément les trois tas de champignons. Le premier tas très finement, le second moins et le troisième grossièrement. Versez l'ensemble des champignons dans la cocotte sur les oignons et les échalotes, salez et poivrez. Laissez cuire à bon feu jusqu'à évaporation de l'eau de végétation. N'hésitez pas à remuer avec une cuillère en bois jusqu'à obtenir un mélange bien sec. Ajoutez la crème, laissez réduire pour obtenir un mélange onctueux. Goûtez, rectifiez l'assaisonnement. Cette purée est réussie si on perçoit la différence entre les trois textures des champignons.

Préparez les œufs pochés. Dans une casserole à jupe haute, mettez 1 litre d'eau à bouillir avec le vinaigre. Cassez à l'avance les œufs sur une soucoupe ou dans une tasse à café ou à thé. Seuls les œufs parfaitement frais et entiers se pochent. Lorsque l'eau frémit, plongez délicatement l'œuf dans l'eau. Lorsque le blanc a entouré le jaune, renouvelez l'opération et plongez l'œuf suivant. Retirez les œufs un à un, plongez-les dans un saladier d'eau fraîche, 2 ou 3 secondes. Égouttez-les sur un torchon de cuisine bien propre. Enlevez la barbe et, alors seulement, salez et poivrez les œufs.

Déposez la purée de champignons dans le fond d'une croûte individuelle de vol-au-vent et posez un œuf poché égoutté.

Empanadillas valenciana

Un grand merci à Hugues Aufray. Il m'a en effet encouragé à découvrir la cuisine espagnole, que j'apprécie désormais grâce à Denise Laroutis, dont le livre La Cuisine espagnole de mère en fille, *paru chez Albin Michel, m'a été d'un précieux secours.*

Ingrédients pour 12 petites empanadillas ou 8 moyennes

Pour la pâte

4 cuillerées à soupe d'huile d'olive vierge extra dans laquelle les poivrons ont frit, refroidie
7 cuillerées à soupe de lait
2 cuillerées à soupe de vin blanc
1/2 sachet de levure, ou les deux sachets de gaseosa espagnole
250 g de farine
Sel fin

Pour la garniture

2 poivrons rouges, ou verts, ou rouge et vert
7 cuillerées à soupe d'huile d'olive vierge extra (dont 4 serviront pour la pâte)
4 tomates
1 petite boîte de thon à l'huile d'olive vierge extra
1 jaune d'œuf
Sel fin

Pelez les poivrons à l'économe, ôtez le trognon, les pépins et les côtes blanches à l'intérieur. Coupez-les en lanières et mettez-les à revenir dans une poêle avec 5 cuillerées à soupe d'huile d'olive. Couvrez quelques minutes pour accélérer la cuisson, découvrez et laissez prendre un peu de couleur. Quand les poivrons sont bien tendres, égouttez-les et réservez l'huile de cuisson dans un bol.

Mettez dans un saladier 4 cuillerées à soupe de l'huile de cuisson des poivrons refroidie, 7 cuillerées à soupe de lait, 2 cuillerées à soupe de vin blanc, une pincée de sel et un demi-sachet de levure en poudre. Battez le mélange à la fourchette jusqu'à ce qu'il devienne crémeux. Ajoutez la farine peu à peu en continuant de battre, puis continuez à pétrir à la main. Mettez la pâte sur la planche ou sur le plan de travail fariné, étalez au rouleau, reformez la boule, mettez dans un linge et laissez reposer une demi-heure.

Pelez et épépinez les tomates. Coupez-les en petits morceaux et mettez-les à réduire à feu vif, dans 2 cuillerées à soupe d'huile d'olive. Salez. Quand les tomates sont bien réduites et qu'il ne reste plus de liquide, retirez du feu, ajoutez les poivrons, le thon à l'huile égoutté et grossièrement émietté.

Étalez finement la pâte au rouleau sur la planche farinée. À l'aide d'un bol grand ou petit, selon la taille que l'on veut donner aux empanadillas, coupez des ronds. Mettez sur chaque rond une cuillerée de garniture. Passez un doigt mouillé sur le bord du rond. Rabattez un côté sur l'autre pour former un chausson et scellez le côté rabattu, en appuyant tout du long avec les dents d'une fourchette, ou avec une roulette à pâtisserie. S'il y avait un trou dans la pâte, faites une petite « rustine », pièce de pâte collée avec un peu d'eau. Installez les empanadillas sur la plaque du four farinée. Faites cuire en deux fois s'il le faut.

Faites chauffer le four à 180 °C (th. 6).

Battez le jaune d'œuf avec 1 cuillerée à soupe d'eau et, avec un pinceau, passez légèrement le mélange sur les empanadillas, pour leur permettre de dorer. Mettez au four pour 20 à 25 minutes. Les empanadillas se mangent chaudes, tièdes ou froides.

Flan à la tomate

Être passionné de châteaux n'induit pas obligatoirement une cuisine compliquée et alambiquée, la preuve : Yves Lecoq a choisi un flan à la tomate.

Ingrédients pour 4 personnes

1 litre de lait
1 cuillerée à café de curry
12 jaunes d'œufs
250 g de crème épaisse
1 cuillerée à soupe d'huile d'olive ou de beurre fondu
Sel fin, poivre du moulin

Pour le coulis ou la sauce tomate

350 g de tomates
2 cuillerées à soupe d'huile d'olive
50 g d'oignons blancs
2 gousses d'ail
1 petit bouquet garni
20 cl de bouillon de volaille, ou d'eau
1 cuillerée à café de sucre en poudre
1 cuillerée à café de sel
4 tours de moulin à poivre

Pour le coulis, coupez les tomates en petits morceaux.

Faites chauffer dans une casserole l'huile, les oignons hachés, les gousses d'ail non épluchées, légèrement écrasées. Laissez suer doucement à couvert 5 minutes. Ajoutez les tomates, le bouquet garni, le bouillon de volaille, le sucre. Salez, poivrez. Laissez bouillotter un bon quart d'heure, à demi couvert, sur feu moyen. Remuez de temps en temps.

Retirez le bouquet garni et l'ail ; passez la préparation au mixeur ; si la sauce est trop liquide, faites-la réduire à feu doux jusqu'à obtenir la consistance désirée.

Préchauffez le four à 160 °C (th. 5/6).

Dans une casserole, faites bouillir le lait avec le curry.

Dans un saladier, mélangez les jaunes d'œufs et la crème. Salez, poivrez. Ajoutez le lait chaud.

À l'aide d'un pinceau, badigeonnez d'huile d'olive ou de beurre l'intérieur d'un moule à savarin. Versez la préparation dans le moule. Faites cuire au bain-marie, le moule posé dans un plat creux tapissé d'une triple épaisseur de papier journal.

Comptez 20 à 25 minutes de cuisson environ, vérifiez avec la pointe d'un couteau ou d'une aiguille à brider.

Mettez à chauffer la sauce tomate. Servez le flan démoulé entouré de sauce tomate.

Suggestions

Le coulis peut accompagner des pâtes ou servir de sauce de base à des tomates farcies.

Il peut se faire à l'avance et se conserver 48 heures dans une boîte hermétique au réfrigérateur.

Flan à l'oignon

Les oignons de Roscoff venaient de décrocher une Appellation d'origine contrôlée (AOC). L'obtention d'une telle distinction demande un très gros travail de la part des producteurs. Je voulais leur rendre hommage ; Claude Lelouch aime les oignons, le choix de la recette fut facile.

Ingrédients pour 4 personnes

800 g d'oignons de Roscoff (de morceaux préférence)
70 g de beurre
1 rouleau de pâte brisée
20 cl de lait
10 cl de crème fraîche
3 jaunes d'œufs
20 g de farine
1 pincée de muscade
Sel fin, poivre du moulin

Épluchez, hachez les oignons et mettez-les dans une casserole avec 50 g de beurre et 2 cuillerées à soupe d'eau. Couvrez et laissez étuver 20 minutes à feu doux. Remuez.

Préchauffez le four à 210 °C (th. 7).

Beurrez le moule à tarte avec le reste du beurre, puis étalez la pâte.

Faites bouillir le lait avec la crème fraîche, laissez tiédir.

Dans un récipient, mélangez les 3 jaunes d'œufs avec un peu du précédent mélange. Versez la farine sur les oignons, ajoutez le mélange lait-crème, puis les jaunes d'œufs battus. Lorsque la préparation épaissit, retirez du feu. Ajoutez le sel, le poivre et la muscade, mélangez. Versez la préparation sur la pâte. Enfournez pour 30 minutes.

Laissez tiédir avant de servir avec une salade, par exemple.

Foie gras chaud poêlé

Jacques Chancel a des attaches très fortes avec le Sud-Ouest, il aime le foie gras de canard poêlé. Nous l'avons fait et il semble s'en être régalé, puisqu'il a également dévoré l'assiette de Michel Drucker, qui paraissait soulagé.

Ingrédients pour 4 à 6 personnes
(En entrée, de 80 à 100 g par personne ; en plat, de 125 à 150 g par personne)

1 foie gras de canard cru de 500 à 600 g
Noix de muscade râpée ou curry en poudre ou paprika, ou quatre-épices
Sel, poivre

Inutile de dénerver le foie. Une fois celui-ci tranché, enlevez avec la pointe de l'épluche-légumes les vaisseaux les plus importants.

Dans le foie gras cru, faites des tranches en biais de 1 à 1,5 cm d'épaisseur.

Assaisonnez de sel, poivre et, au choix, de noix de muscade râpée, de curry en poudre, de paprika, de quatre-épices...

Faites chauffer la poêle très chaude sans aucune matière grasse. Posez les tranches de foie gras 35 secondes de chaque côté. Retirez-les. Laissez reposer quelques instants sur du papier absorbant.

Servez avec des fruits sautés à la poêle dans 1 cuillerée à soupe de beurre : quartiers de pommes, figues violettes, grains de raisins, abricots, pêches, mangues, cerises, fruits secs – abricots, pruneaux – préalablement trempés.

Suggestion

Tranchez de très fines lamelles de foie gras cru. Assaisonnez. Réservez au réfrigérateur sous film alimentaire. Répartissez, au moment de servir, sur une soupe bien chaude de poireaux et pommes de terre, une crème de céleri, un consommé de volaille ou de bœuf, un bouillon de légumes frais.

Foie gras de canard en terrine

Les athlètes de haut niveau s'autorisent quelques écarts à leur régime quotidien draconien. Laure Manaudou a voulu du foie gras, je lui en ai fait, elle s'est régalée sous l'œil courroucé de son entraîneur.

Ingrédients pour 1 terrine

1 kg de foie gras de canard cru
2 g de quatre-épices moulu
2 g de sucre en poudre
15 g de fleur de sel
5 g de poivre blanc moulu

Dénervez les lobes de foie gras délicatement.

Préparez l'assaisonnement : mélangez le quatre-épices avec le sucre, le sel et le poivre. Assaisonnez les foies des deux côtés, en insistant sur les parties internes, qui absorbent le plus.

Disposez les foies dans une terrine, tassez bien le tout pour chasser les bulles d'air. Nettoyez minutieusement les bords de la terrine. Mettez la terrine au bain-marie dans de l'eau chaude. Enfournez à 75 °C (th. 2/3). La cuisson est terminée quand la température a atteint 60 °C à cœur, pour un foie gras mi-cuit, et 70 °C à cœur, pour du cuit.

Sortez la terrine du four et laissez refroidir à température ambiante environ 2 heures, puis mettez au réfrigérateur pour 24 heures de rassissement.

Servez avec des tartines de pains grillées.

Gâteau de foies de volaille

Les petites madeleines des uns et des autres de nos invités ne sont pas toutes de Commercy. Celle de Bernard Lavilliers est un gâteau de foies de volaille. Sa maman a eu la gentillesse de me communiquer sa recette et ses précieux conseils ; j'ai fait au mieux.

Ingrédients pour 4 personnes

3 beaux foies de volaille, de préférence de poulet de Bresse
40 g de beurre + 1 noix pour beurrer le moule
1/2 litre de lait
50 g de farine
Une très grosse poignée de persil
4 à 5 gousses d'ail
3 œufs entiers
Muscade
Sel fin, poivre du moulin

Beurrez un moule à soufflé, puis mettez-le dans la partie congélateur du réfrigérateur.

Préparez une béchamel minute en mettant dans une casserole à fond épais le lait, la farine, le beurre. Portez à ébullition sans cesser de remuer avec un fouet ou une spatule. À ébullition, laissez cuire à petit feu 3 minutes. La béchamel doit être bien épaisse.

Préchauffez le four à 140/150 °C (th. 4/5).

Dans un mixeur, hachez les foies de volaille, le persil et les gousses d'ail. Séparez les blancs des jaunes d'œufs et montez les blancs en neige, très ferme. Mélangez la béchamel avec les foies mixés. Ajoutez les jaunes d'œufs, puis les blancs, très doucement, pour éviter de les casser. Remplissez le moule à soufflé. Veillez à ne le remplir qu'aux trois quarts. Posez-le dans la lèchefrite garnie de papier journal et d'eau tiède.

Faites cuire durant 30 à 35 minutes au four à 140/150 °C (th. 4/5). Vérifiez la cuisson en plantant la pointe d'un couteau ou une aiguille à brider qui devront ressortir complètement secs.

Servez chaud avec une sauce tomate (voir p. 68). Agrémentez la sauce tomate de mousserons frais ou séchés.

Œufs pochés en meurette

Sylvie Vartan est une habituée de l'émission, elle est très coopérative et curieuse de cuisine, sans exclusivité pour son pays natal. Cette fois-ci elle a voulu honorer son pays d'adoption avec une recette typiquement bourguignonne.

Ingrédients pour 6 personnes

80 g de beurre
4 échalotes
1 branche de thym
1 feuille de laurier
3 branches de persil
1 bouteille de vin rouge tannique
1 cuillerée à soupe rase de farine
1 cuillerée à café de sel
4 tours de moulin à poivre

Pour la garniture

20 oignons grelots
2 morceaux de sucre
150 g de champignons de Paris
2 tranches de poitrine fumée, d'un bon centimètre d'épaisseur
1 cuillerée à soupe de beurre
1 cuillerée à soupe d'huile
1 cuillerée à soupe de persil frais haché
Sel fin, poivre du moulin

Pour les œufs pochés

6 œufs entiers
1 litre d'eau
1 cuillerée à soupe de vinaigre d'alcool ou de vin
Sel fin, poivre du moulin

Sortez à l'avance du réfrigérateur 15 g de beurre et laissez-le doucement ramollir à température ambiante. Coupez le beurre restant (65 g) en petits morceaux et remettez-le au froid.

Dans une casserole, mettez les échalotes épluchées et finement hachées, le thym, le laurier, le persil et le vin ; portez à ébullition ; laissez réduire de moitié.

Mélangez intimement le beurre assoupli et la farine. Passez le vin réduit au chinois et portez-le de nouveau à ébullition. Dans un bol, délayez le mélange beurre et farine avec une première cuillerée à

soupe de vin, suivie d'une seconde si nécessaire. Versez cette préparation – onctueuse – dans le vin rouge bouillant, laissez mijoter très doucement jusqu'à épaississement.
Incorporez les morceaux de beurre maintenus au réfrigérateur, en battant énergiquement à l'aide d'un fouet. Assaisonnez.

Épluchez les oignons grelots, puis faites-les caraméliser dans une casserole avec 1 cuillerée à soupe d'eau et deux morceaux de sucre.

Retirez le bout terreux des champignons, passez-les rapidement sous un filet d'eau froide et coupez-les en quartiers. Coupez la poitrine fumée en petits dés et faites-la blanchir 5 minutes dans l'eau bouillante. Faites chauffer l'huile et le beurre dans une poêle et faites sauter vivement les champignons et la poitrine.
Réservez au chaud.

Dans une casserole à la jupe haute, mettez l'eau à bouillir avec le vinaigre. Cassez à l'avance les œufs sur une soucoupe ou dans une tasse à café ou à thé. Seuls les œufs parfaitement frais et entiers se pochent. Lorsque l'eau frémit, plongez délicatement l'œuf dans l'eau. Lorsque le blanc a entouré le jaune, renouvelez l'opération et plongez l'œuf suivant. Retirez les œufs un à un, plongez-les dans un saladier d'eau fraîche, 2 ou 3 secondes. Égouttez-les sur un torchon de cuisine bien propre. Enlevez la barbe et, alors seulement, salez et poivrez les œufs.

Dans un ramequin chaud, posez l'œuf, parsemez de champignons et de poitrine fumée, puis nappez de sauce et ajoutez le persil haché.

Os à moelle

Il est très difficile d'interroger un mort sur ses goûts alimentaires, surtout quand on n'a pas eu la chance de partager un repas avec lui. Heureusement, la veuve et les enfants de Gilbert Bécaud m'ont renseigné sur ses préférences. J'ai donc demandé la recette dont je me régale au restaurant le Ribouldingue, spécialiste des abats cuisinés.

Ingrédients pour 4 personnes

4 os à moelle de 10/15 cm de long, coupés dans le sens de la longueur
Pain de campagne
Fleur de sel

Faites couper par votre boucher des os à moelle dans la longueur d'environ 10 cm.

Trempez-les entre 2 et 3 heures dans de l'eau fraîche pour les nettoyer de leur sang (changez l'eau une fois).

Préchauffez le four à 170 °C (th. 5/6).

Dans un plat ou dans une lèchefrite, disposez les os et mettez-les au four pour 15 à 20 minutes.

Pendant ce temps, faites griller du pain de campagne.

Servez les os à moelle avec le pain grillé et de la fleur de sel.

Recette du Ribouldingue
10, rue Saint-Julien-le-Pauvre – 75005 Paris
Tél. : 01 46 33 98 80

Pain de poisson

À homme modeste, recette modeste. Un pain de poisson fut le bienvenu pour accueillir Nicolas Hulot. Cette recette est idéale pour utiliser des restes de poisson et de pain.

Ingrédients pour 6 personnes

300 g de restes de poisson
2 tasses de pain rassis
2 échalotes
2 cuillerées à soupe de persil haché
2 œufs
1 noix de beurre ou 1 filet d'huile pour graisser le moule
Sel fin, poivre du moulin

Hachez le poisson en vérifiant que toutes les arêtes ont été retirées (utilisez, au besoin, une pince à épiler).

Faites tremper le pain rassis dans de l'eau chaude, égouttez-le dans une passoire et pressez-le entre vos mains pour éliminer l'excès d'eau.

Épluchez et hachez finement les échalotes.

Préchauffez le four à 180 °C (th. 6).

Dans un saladier, déposez le poisson, le pain, les échalotes et le persil hachés, ajoutez 2 jaunes d'œufs, mélangez bien. Salez modérément et poivrez.

Battez les 2 blancs en neige ferme avec une pincée de sel et incorporez-les délicatement à la préparation. Versez dans un moule à charlotte beurré ou huilé et faites cuire 45 minutes au four.

Démoulez le pain de poisson sur un plat creux. Servez chaud, tel quel, ou accompagné d'une sauce tomate, ou froid, avec une vinaigrette aromatisée d'herbes fraîches et de cornichons hachés.

Pâté de campagne

Antoine Duléry est un ardent défenseur de la tradition charcutière. Il fallait donc le convaincre que, sans un bon charcutier à proximité, on pouvait aussi très facilement confectionner soi-même, à la maison, un pâté de campagne, simple, rustique et gourmand.

Ingrédients pour 8 personnes

500 g de gorge fraîche de porc découenné
200 g de foie de porc frais
2 belles échalotes grises
1/2 verre à moutarde de vin blanc sec
3 cuillerées à soupe de persil haché
2 œufs entiers
150 g de crépine de porc
3/4 de cuillerée à café de sel
Poivre du moulin

Hachez, ou faites hacher (grosse grille), par le charcutier, la gorge et le foie.

Émincez finement les échalotes et laissez-les mariner une demi-heure dans le vin blanc.

Mélangez le porc et le foie hachés, le vin blanc, les échalotes, le persil, les œufs, le sel et le poivre.

Préchauffez le four à 250 °C (th. 8/9).

Garnissez un plat à gratin avec la crépine ; elle doit déborder tout autour. Déposez la farce et repliez la crépine. Enfournez le plat pour 10 minutes sur la lèchefrite, puis versez un peu d'eau dans la lèchefrite. Réduisez la chaleur à 200 °C (th. 6/7). Poursuivez la cuisson environ 1 heure. Le pâté doit se recouvrir d'une légère croûte dorée. Laissez refroidir.

Pas de précipitation, attendez au moins 3 jours avant de déguster ce pâté sur de larges tranches de pain croustillantes, moelleuses à l'extérieur et fondantes à l'intérieur avec, éventuellement, des cornichons et des condiments.

Nota bene

Vous pouvez conserver le pâté entamé dans le réfrigérateur 3 ou 4 jours, la coupe protégée par un film alimentaire.

Pâté de ma mère

Une autre spécialité charcutière dont la recette m'a été donnée par la maman de Dave. La présence du veau en fait son originalité.

À faire la veille ou l'avant-veille

Ingrédients pour 6 à 8 personnes

300 g de sous-noix de veau
300 g d'échine de porc
1 oignon
1 gousse d'ail
1 feuille de laurier
Un peu de noix de muscade râpée
1/2 verre de cognac
1 crépine de porc
Sel fin, poivre du moulin

Pour la gelée

2 litres d'eau froide
2 kg d'os de veau
1/2 pied de veau
1 carotte
1 oignon
1 bouquet garni
1 verre de madère
Sel fin, poivre du moulin

Hachez les viandes de veau et de porc. Mélangez avec les épices, l'oignon – dont on réserve quelques rondelles pour poser sur le pâté – et l'ail finement hachés, puis le cognac.

Préchauffez le four à 180 °C (th. 6).

Rincez la crépine de porc dans de l'eau fraîche avant de l'installer dans le fond du moule. Laissez suffisamment de longueur pour recouvrir le pâté. Versez la farce, déposez la feuille de laurier et quelques rondelles d'oignon et recouvrez avec la crépine. Fermez (luttez) hermétiquement le moule avec un mélange d'eau et de farine. Enfournez de 1 heure à 1 h 30.

Pendant ce temps, dans une casserole, couvrez d'eau les ingrédients de la gelée. Faites réduire de moitié, passez au chinois, puis ajoutez un petit verre de madère. Gardez au chaud.

Sortez le pâté, enlevez le couvercle, couvrez de la gelée, remettez le tout au four éteint. Laissez refroidir et attendez au moins 24 heures pour le consommer.

Pâté lorrain

Je croyais Michel Sardou méditerranéen, or il a des racines lorraines liées à sa naissance lors d'une tournée de sa maman dans la région. Le pâté lorrain est un plat familial, il le connaissait, il ne fallait pas le tromper. Je me suis laissé aller à reproduire la recette de ma grand-mère, cuisinière émérite.

À commencer la veille

Ingrédients pour 8 personnes

300 g d'échine de porc désossée
300 g d'épaule de veau désossée
300 g de lapin désossé
2 échalotes ciselées
1 botte de persil plat
20 cl de vin blanc sec (type sylvaner, edelzwicker, muscadet)
2 branches de thym
2 feuilles de laurier
2 gousses d'ail
1 jaune d'œuf (pour la dorure)
Sel fin, poivre du moulin

Pour la pâte brisée

550 g de farine
250 g de beurre
Sel
12 cl d'eau

La veille, coupez la viande en lanières de 1 cm de côté et mélangez bien. Faites mariner l'ensemble une nuit au réfrigérateur avec les échalotes ciselées, l'ail et le persil hachés, le vin blanc, le thym, le laurier, du sel et du poivre.

Le jour même, préparez la pâte brisée en mélangeant tous les ingrédients.

Préchauffez le four à 220 °C (th. 7).

Séparez la pâte en deux parts inégales, deux tiers et un tiers. Étalez la part la plus importante pour obtenir un rectangle d'environ 5 cm d'épaisseur. Installez au centre de ce rectangle les viandes marinées après les avoir égouttées. Rabattez la pâte sur les quatre côtés pour obtenir une sorte de sarcophage. Recouvrez avec le tiers de pâte restant étalée. Soudez l'ensemble avec le jaune d'œuf. Enfournez pour 10 minutes, puis baissez la température à 180 °C (th. 6) et laissez cuire 30 minutes.

Penne all'amatriciana, façon risotto

J'avais instauré une tradition après l'émission ; les invités venaient boire un verre de vin blanc dans le bureau des régisseurs. À cette occasion, Eddy Mitchell me raconte qu'il pratique le risotto non pas avec du riz mais avec des petites penne. Pour le surprendre, j'ai demandé à Vittorio Beltramelli, excellent chef italien, d'imaginer une recette sur cette idée...

Ingrédients pour 4 personnes

360 g de petites penne
80 g d'oignons blancs
50 cl huile d'olive extra vierge
160 g de pancetta ou lard
70 cl de vin blanc sec
32 tomates-cerises Cœur-de-pigeon
1 litre de bouillon végétal aux légumes (ou de volaille)
20 g de beurre
40 g de parmesan reggiano râpé
20 feuilles de persil plat

Faites revenir les oignons blancs avec l'huile d'olive extra vierge. Ajoutez les penne, puis la moitié de la pancetta coupée en gros morceaux et le vin blanc.
Laissez évaporer.

À mi-cuisson, ajoutez les tomates et continuez à verser le bouillon jusqu'à la fin de la cuisson (au total 8 minutes).

À la fin de la cuisson, retirez la pancetta et liez les pâtes avec le beurre et le parmesan.

Dressez dans les assiettes et servez avec l'autre moitié de la pancetta coupée en julienne et revenue dans une poêle à revêtement antiadhésif jusqu'à ce qu'elle soit croquante.

Décorez avec le persil.

Recette du chef Vittorio Beltramelli

Restaurant Le Nolita – 2, rond-point des Champs-Élysées – 75008 Paris
Tél. : 01 53 75 78 78

Pissaladière

Daniel Prévost est un comédien surprenant, inattendu et très drôle. Il a quelquefois des reparties féroces. Je voulais éviter ses tirs meurtriers. J'ai choisi pour lui une pissaladière qui, sans marquer ses origines maghrébines, lui rappelait la Méditerranée.

Ingrédients pour 6 personnes

1 rouleau de pâte brisée du commerce
1 gousse d'ail
1 kg d'oignons
Quelques gouttes d'huile (d'olive de préférence)
1 pincée de sucre
12 filets d'anchois à l'huile
12 olives noires dénoyautées
Sel fin, poivre du moulin

Épluchez et émincez finement l'ail et les oignons.

Préchauffez le four à 180 °C (th. 6).

Versez quelques gouttes d'huile dans une sauteuse, étalez-la au pinceau de cuisine. Ajoutez l'ail et les oignons. Couvrez et laissez étuver de 12 à 15 minutes sur feu doux. Salez, poivrez. Ajoutez le sucre.

Déroulez la pâte brisée. Installez-la en gardant son papier sulfurisé d'origine dans un moule à tarte (vous pouvez aussi l'installer sans le papier dans le moule préalablement huilé). Piquez le fond de pâte avec les dents d'une fourchette. Étalez les oignons, disposez les filets d'anchois égouttés en éventail, arrosez de l'huile contenue dans la boîte, décorez avec les olives noires et faites cuire 20 minutes au four.

Sortez la pissaladière, débarrassez-la du papier et servez chaud ou tiède.

Poivrons à la mexicaine

Sylvie Vartan rentrait d'un tournage au Mexique et avait été très séduite par ce plat, apparemment compliqué, mais très facile à mettre en œuvre. Une recette procure davantage de plaisir si elle vous rappelle un bon souvenir, un voyage, une rencontre, une découverte. Elle nous a beaucoup remerciés.

Ingrédients pour 6 personnes

6 poivrons verts
1 gousse d'ail
1 oignon
4 belles tomates
60 g de saindoux
300 g de viande de bœuf (ou de porc) hachée
1 pincée de girofle en poudre
1 pincée de cannelle en poudre
1 pincée de piment en poudre
1 cuillerée à café de sucre semoule
30 g d'amandes en poudre
2 œufs entiers
50 g de chapelure
100 g de cerneaux de noix
10 cl de crème fraîche (ou de fromage blanc)
1 bouquet de coriandre fraîche
Sel fin

Faites griller les poivrons à la flamme du gaz ou sous le gril du four 10 minutes, en les retournant plusieurs fois, puis débarrassez-les très délicatement de leur peau.

Pelez, hachez l'ail et l'oignon. Pelez, épépinez et concassez les tomates.

Dans une sauteuse, faites fondre 30 g de saindoux, et faites revenir la viande avec l'ail et l'oignon, tout en remuant. Ajoutez les tomates, le girofle, la cannelle, le piment, le sucre et la moitié des amandes en poudre. Salez et mélangez. Laissez mijoter 5 minutes à feu doux.
Laissez tiédir la farce, puis remplissez les poivrons.

Dans un saladier, battez les œufs, puis badigeonnez-en les poivrons à l'aide d'un pinceau et saupoudrez-les de chapelure. Dans deux grandes poêles, faites fondre le reste de saindoux et faites revenir les poivrons de 15 à 20 minutes à feu moyen, en les retournant très délicatement avec une spatule à mi-cuisson.

Mixez les cerneaux de noix. Battez la crème ou le fromage blanc. Salez légèrement. Incorporez le hachis de noix et le reste des amandes jusqu'à obtenir une crème bien onctueuse.
Posez les poivrons sur un plat chaud. Nappez-les de crème et parsemez-les de coriandre hachée.

Salade au lard

Yves Coppens a une maison de famille en Lorraine. Il se régale d'un plat de pauvre que j'ai beaucoup expérimenté personnellement pendant la période de restriction, au cours de la Seconde Guerre mondiale. La recette peut paraître surprenante, pourtant elle a régalé des générations de Lorrains.

Ingrédients pour 6 personnes

1 kg de pommes de terre
300 g de lard maigre
300 g d'oignons
600 g de pissenlits
Un peu de vinaigre de vin

Épluchez les pommes de terre, lavez-les, mettez à cuire dans une casserole d'eau froide salée, portez à ébullition pour 20 minutes.

Dans une cocotte en fonte, faites revenir et bien dorer le lard taillé en dés. Ajoutez les oignons ciselés, faites-les suer. Ajoutez les pissenlits. Faites cuire à couvert 10 minutes.

Ajoutez les pommes de terre cuites à l'eau, puis le vinaigre, à votre convenance. Faites cuire à couvert 15 minutes au moins.

Soufflé au fromage

François Léotard a été ministre, il est devenu écrivain. Il cuisine aussi et produit de l'huile d'olive de très belle qualité. Il a demandé un soufflé au fromage, une bonne occasion de montrer un petit truc pour les faire monter à coup sûr.

Ingrédients pour 6 personnes

50 cl de lait
195 g de beurre (dont 70 g pour beurrer le moule)
125 g de farine
8 œufs à température ambiante
125 g de fromage (gruyère, emmenthal, beaufort ou comté) coupé en petits dés
Sel fin, poivre du moulin

Vous pouvez choisir des moules à soufflé individuels de 6 à 7 cm de diamètre, un moule pour trois personnes de 15 à 17 cm de diamètre, ou le grand moule de 20 à 22 cm de diamètre pour six personnes. On les choisira en porcelaine ou en verre à feu, selon son goût. Notre préférence va au moule individuel ou au moule pour trois. Un volume trop grand implique une masse à cuire importante, et donc plus difficile à monter de façon spectaculaire.

Très important : faites fondre 70 g de beurre et, au moyen d'un pinceau, badigeonnez le fond et les parois des moules. Mettez les moules au réfrigérateur pendant 10 minutes. Recommencez l'opération. Remettez les moules au réfrigérateur et laissez-les jusqu'au moment de les garnir.

Préchauffez le four à 200 °C (th. 6/7).

Faites chauffer dans une casserole, sur feu moyen, le lait, 125 g de beurre et la farine jusqu'à ébullition, sans cesser de remuer à l'aide d'un fouet. Rectifiez l'assaisonnement. Vous obtenez à ce moment précis une sorte de bouillie dont l'aspect est proche de celui de la colle. C'est exactement ce qu'il faut. Laissez refroidir cette béchamel express.

Ajoutez un à un les jaunes d'œufs en remuant, puis le fromage coupé en petits dés, couvrez la casserole d'une assiette ou d'un couvercle et laissez en attente.

Battez les blancs en neige bien ferme avec une pincée de sel dans un saladier de bonne contenance. Incorporez avec un fouet une grosse cuillerée de blancs au contenu de la casserole, puis versez le contenu de la casserole sur les blancs en neige, dans le saladier. Mélangez l'ensemble délicatement avec une petite écumoire ou une cuillère en bois, en soulevant la masse. Versez l'appareil ainsi obtenu dans les moules qui devront être remplis à ras bord. Mettez les moules dans le four. Comptez de 12 à 15 minutes de cuisson.

Vérifiez, de temps à autre, que la partie supérieure du soufflé ne brûle pas. Si la couleur devenait trop foncée, ouvrez prestement le four et recouvrez les moules d'une feuille de papier d'aluminium.

Suggestion
Vous pouvez remplacer le gruyère par du roquefort, de la fourme d'Ambert, du cheddar ou du parmesan.

Terrine de chèvre frais aux figues

Yves Duteil a des fonctions municipales en Seine-et-Marne qui n'excluent pas sa passion pour la Corse. Dans le village qui l'accueille habite un producteur de fromage de chèvre ; et les figues peuvent être considérées comme le fruit national de l'île. À partir de ces deux ingrédients, j'ai imaginé pour lui cette recette très fraîche et très pratique, car on peut la faire la veille, quand on reçoit des amis au soleil.

À faire la veille

Ingrédients pour 4 ou 5 personnes

2 fromages de chèvre frais
1/2 botte de ciboulette ou quelques feuilles de menthe fraîche
2 cuillerées à soupe d'huile (d'olive de préférence)
1 cuillerée à soupe de crème fraîche
2 cuillerées à soupe de sucre
2 cuillerées à soupe de vinaigre de vin
300 g de figues fraîches
Sel fin, poivre du moulin

Écrasez à la fourchette les fromages de chèvre frais avec la ciboulette ou les feuilles de menthe finement ciselées. Salez, poivrez. Incorporez l'huile et la cuillerée de crème fraîche petit à petit, mélangez bien.

Dans une casserole, versez 1 verre d'eau, le sucre, le vinaigre, puis ajoutez les figues coupées en deux. Salez et poivrez. Mélangez.

Faites mijoter pendant une vingtaine de minutes à feu doux afin d'obtenir une sorte de confiture. Laissez refroidir.

Déposez la moitié de la préparation de chèvre au fond d'une petite terrine. Étalez par-dessus votre confiture de figue sur une épaisseur de 1 cm environ, recouvrez avec le restant de chèvre frais. Couvrez la terrine. Mettez-la dans le bac à légumes du réfrigérateur et attendez 12 heures avant de l'entamer.

Veau froid à la sauce au thon (*Vitello tonnato*)

Patrick Bruel est fréquemment l'invité principal de l'émission. Il est gourmand et cherche à surprendre chaque fois les téléspectateurs. Il m'a proposé une recette italienne, un classique inattendu et très facile à réaliser. Chaque fois que je la mets en pratique chez moi, je rencontre un très grand succès.

À faire la veille

Ingrédients pour 6 personnes

1 kg de noix de veau ou de gîte (rond de veau)
1/2 citron
1 feuille de laurier
200 g de thon au naturel en boîte
20 g d'anchois
3 cl d'huile d'olive
20 g de câpres
1/2 verre de vin blanc
20 g de gros sel
Sel fin, poivre du moulin

Pour la mayonnaise

1 cuillerée à soupe de moutarde
1 jaune d'œuf
25 cl d'huile de tournesol

La veille, faites bouillir 3 litres d'eau avec 20 g de gros sel, le demi-citron et la feuille de laurier. À ébullition, mettez la viande, laissez mijoter. Après 45 minutes, retirez la viande et enroulez-la dans un film alimentaire, laissez-la refroidir et entreposez au réfrigérateur.

Le jour même, découpez la viande en tranches très fines, le cœur doit être rosé.

Passez au mixeur le thon, les anchois, l'huile d'olive et les câpres.

Faites une mayonnaise classique, ajoutez le mélange thon-anchois-câpres, mélangez, et ajoutez le vin blanc pour obtenir une sauce veloutée. Vérifiez l'assaisonnement.

Versez la sauce sur les tranches de veau.

Servez froid avec 2 ou 3 câpres pour décorer l'assiette.

Les potages

Ajo blanco

Orlando, le frère de Dalida, m'a demandé un gaspacho. Avec la paëlla, ce sont les tartes à la crème de la cuisine espagnole. J'ai demandé comme une évidence à Alberto Herraiz, l'éminent chef du restaurant Fogón, de bien vouloir venir chez moi pour tourner la recette. Elle est si facile qu'il a eu la gentillesse de nous montrer quelques possibilités qu'offrait le principe du gaspacho. Je ne résiste pas au plaisir de vous en présenter quelques-uns, sachant que celui à la tomate est celui qui a été choisi par Orlando.

À faire la veille

Ingrédients pour 2 litres environ (6 personnes)

1 gousse d'ail
300 g d'amandes pelées
10 cl de vinaigre de Jerez
200 g de mie de pain blanc de la veille
35 cl d'huile d'olive extra vierge
Fleur de sel, poivre du moulin
1,5 litre d'eau

La veille, placez dans un récipient hermétique l'ail épluché et coupé en morceaux, les amandes, le vinaigre, la mie de pain, le poivre et la fleur de sel. Réservez au réfrigérateur pendant 12 heures.

Le jour même, versez ce mélange dans un blender, mixez rapidement jusqu'à l'obtention d'une texture lisse puis, à basse vitesse, émulsionnez avec l'huile d'olive et diluez avec 1,5 litre d'eau.

Servez aussitôt.

Recette du chef Alberto Herraiz
Restaurant Fogón – 45, quai des Grands-Augustins – 75006 Paris
Tél. : 01 43 54 31 33

Gaspacho andalou

À faire la veille

Ingrédients pour 2 litres environ (6 personnes)

1 kg de tomates mûres
200 g de poivrons verts
150 g de concombres
90 g d'oignons
1 gousse d'ail
150 g de pain de campagne vieilli de deux jours
10 cl de vinaigre de Jerez
50 cl d'huile d'olive extra vierge
Sel fin, poivre du moulin
1 litre d'eau

La veille, lavez, essuyez et coupez les tomates et les poivrons en morceaux ainsi que les concombres – sans les extrémités. Épluchez et émincez les oignons et l'ail.

Faites tremper le pain dans le vinaigre.

Versez l'ensemble avec la moitié de l'huile et le sel dans un récipient hermétique, et réservez au frais 12 heures.

Le jour même, versez ce mélange dans un blender, mixez, puis émulsionnez avec l'huile restante et diluez avec 1 litre d'eau. Passez au chinois.

Servez.

Recette du chef Alberto Herraiz

Restaurant Fogón – 45, quai des Grands-Augustins – 75006 Paris
Tél. : 01 43 54 31 33

Gaspacho aux avocats

Ingrédients pour 2 litres environ (6 personnes)

500 g de pain aux oignons
10 cl de vinaigre de Jerez
400 g d'avocats
40 g d'oignons
50 g de concombre
500 g de céleri en branche
50 g de poivron vert
10 cl de jus de citron
30 cl d'huile d'olive extra vierge
Sel fin, poivre du moulin
1 litre d'eau

Versez dans un récipient hermétique le pain avec le vinaigre, les avocats pelés et coupés en six morceaux, les noyaux d'avocats, les oignons coupés en quatre, le concombre, le céleri, le poivron pelé, le jus de citron et 10 cl d'huile d'olive. Assaisonnez, mélangez et réservez 5 heures au réfrigérateur.

Retirez les noyaux d'avocats, mixez au blender, émulsionnez avec les 20 cl d'huile restante, et diluez avec 1 litre d'eau.
Passez au chinois.

Servez.

Recette du chef Alberto Herraiz
Restaurant Fogón – 45, quai des Grands-Augustins – 75006 Paris
Tél. : 01 43 54 31 33

Gaspacho aux betteraves

Ingrédients pour 2 litres environ (6 personnes)

1 kg de betteraves rouges cuites
200 g de pain aux céréales
20 cl de vinaigre de Jerez de 25 ans
100 g de pistaches décortiquées et grillées
500 g de poivrons rouges
10 cl d'huile d'olive extra vierge
1 litre d'eau
Sel fin, poivre du moulin

Versez dans un récipient hermétique les betteraves coupées en dés, le pain trempé dans le vinaigre, les pistaches, les poivrons pelés et coupés en dés, le sel et 5 cl d'huile. Réservez 6 heures au réfrigérateur.

Mixez au blender et émulsionnez avec le reste de l'huile d'olive (5 cl) avant de délayer avec 1 litre d'eau.
Passez au chinois.

Avant de servir, décorez avec quelques pistaches et un filet d'huile d'olive.

Recette du chef Alberto Herraiz
Restaurant Fogón – 45, quai des Grands-Augustins – 75006 Paris
Tél. : 01 43 54 31 33

Gaspacho aux fraises

À faire la veille

Ingrédients pour 2 litres environ (6 personnes)

1 kg de fraises mûres, charnues et parfumées
100 g d'oignons nouveaux
300 g de mie de pain de boule
15 cl de vinaigre de fraises
45 cl d'huile d'olive extra vierge
30 g de feuilles de menthe
1 tranche de pain par personne
Sel fin, poivre du moulin

La veille, lavez et égouttez la moitié des fraises avec leur pédoncule, puis coupez-les en deux après avoir retiré les pédoncules. Pelez et plongez les oignons 30 minutes dans de l'eau froide. Faites tremper le pain dans le vinaigre, versez dans un récipient avec la moitié des fraises, les oignons et la moitié de l'huile. Ajoutez le sel et réservez 12 heures au réfrigérateur.

Le jour même, mixez à la vitesse maximale dans le blender tous les ingrédients réservés, puis émulsionnez avec le reste de l'huile (22 cl). Rectifiez l'assaisonnement. Délayez avec 1 litre d''eau afin d'obtenir la texture souhaitée. Ajoutez la menthe ciselée.

Avant de servir, déposez les fraises restantes dans les assiettes, recouvrez de gaspacho. Accompagnez d'une tranche de pain grillé frottée d'une fraise, tartinée d'huile d'olive et fleur de sel.

Recette du chef Alberto Herraiz

Restaurant Fogón – 45, quai des Grands-Augustins – 75006 Paris
Tél. : 01 43 54 31 33

Potage aux asperges

Quand Michel Drucker reçoit des groupes et que l'invité principal fait défaut, il est bon d'avoir une ou deux recettes qui fasse l'unanimité autour du canapé.

Ingrédients pour 4 ou 5 personnes

500 g de pelures d'asperges + 3 belles asperges entières
1 litre de bouillon de volaille frais ou fait avec un cube du commerce
1 cuillerée à café de sucre en poudre
1 cuillerée à soupe pleine de fécule de maïs
150 g de crème fraîche liquide
Sel fin, poivre du moulin

Lavez les pelures d'asperges, coupez les asperges entières en tronçons. Déposez-les dans une casserole, ajoutez le bouillon de volaille et le sucre, comptez vingt bonnes minutes d'ébullition lente.

Passez la préparation au moulin à légumes, grille fine ; jetez la partie fibreuse restante.

Remettez le potage sur le feu, laissez réduire 10 minutes environ pour corser le goût. Délayez la fécule de maïs dans un bol avec un peu de lait ou d'eau froide, ajoutez enfin la crème fraîche. Salez, poivrez.

Dégustez ce potage chaud ou froid.

Potage aux fanes de radis

L'éphémère ministre, Rama Yade, était plus préoccupée de parler d'elle que de s'intéresser aux prestations des chroniqueurs ; j'ai donc choisi pour elle un potage aux fanes de radis qui demande simplement quelques minutes de silence pour porter une cuillerée à sa bouche.

Ingrédients pour 8 personnes

2 bottes de fanes de radis roses
150 g de pommes de terre
2 oignons nouveaux avec les tiges
30 g de beurre
2 cuillerées à soupe d'huile d'olive extra vierge
1,5 litre de bouillon de volaille
3 cuillerées à soupe de crème fraîche
Sel fin, poivre du moulin

Préparez les radis. Ils doivent être très frais, sans feuilles jaunes. Coupez les fanes et lavez-les plusieurs fois. Récupérez les radis roses et préparez-les pour les servir à l'apéro à la croque au sel.

Épluchez et coupez les pommes de terre en cubes. Dans une poêle, faites suer les oignons ciselés avec le beurre et l'huile. Ajoutez les fanes bien égouttées et les pommes de terre. Remuez, salez, poivrez et ajoutez le bouillon de volaille. Faites cuire de 15 à 20 minutes.

Mixez, ajoutez la crème fraîche et servez.

Suggestion

Vous pouvez ajouter du cerfeuil au moment de servir.

Potage du cultivateur

Quelle joie d'accueillir un grand champion, modeste et sympathique : Alain Prost. Son désir, une soupe de légumes que je me suis amusé à faire dans ma cheminée, dans un gros pot à l'ancienne. Le feu de bois pour cuisiner paraît démodé, mais c'est tellement agréable.

Ingrédients pour 6 personnes

3 carottes
2 poireaux
3 grosses pommes de terre
150 g de céleri-rave (le reste de la boule pourra être servi en rémoulade)
1 gros oignon blanc
2 ou 3 navets
3 cuillerées à soupe de beurre
2 litres d'eau ou de bouillon de légumes
Sel fin, poivre du moulin

Épluchez, lavez, et coupez les légumes en petits morceaux réguliers, avant de les mettre avec une cuillerée à soupe de beurre dans une cocotte. Couvrez et laissez cuire 10 minutes à petit feu.

Ajoutez 2 litres d'eau ou de bouillon. Salez, poivrez et laissez bouillotter 30 minutes. Ajoutez le reste du beurre coupé en petits morceaux. Rectifiez l'assaisonnement.

Suggestions

Vous pouvez mettre sur la table un pot de crème, chacun se servant selon ses envies. Vous pouvez aussi ajouter, au printemps, des petits pois, des fèves, des pointes d'asperges, de petits bouquets de brocolis 10 minutes avant la fin de la cuisson.

Soupe aux huîtres

Dire qu'il est séduisant est une évidence. Attentif et respectueux sont des qualités qui l'honorent. Guillaume Canet venait de tourner Les Petits Mouchoirs *dans la région d'Arcachon ; il a voulu honorer l'ostréiculteur comédien qui tournait avec lui et a proposé une soupe aux huîtres. Après avoir dégusté la soupe, nous nous sommes régalés de magnifiques huîtres.*

Ingrédients pour 8 personnes

48 huîtres
80 g de céleri-rave
300 g d'oignons
1 gousse d'ail
1 échalote
500 g de carottes
3 cuillerées à soupe d'huile d'olive extra vierge
1 cuillerée à soupe de farine
50 cl de vin blanc
1 bouquet garni (thym, laurier)
Persil
Estragon
5 cuillerées à soupe de crème fraîche
6 jaunes d'œufs

Épluchez et lavez les légumes. Émincez le céleri et les oignons, hachez l'ail et l'échalote, et coupez les carottes en rondelles.

Dans une cocotte, versez l'huile, faites revenir l'oignon, l'ail et l'échalote pendant 5 minutes, puis ajoutez les carottes et le céleri. Saupoudrez de farine et mélangez. Versez le vin blanc et 1,5 litre d'eau. Ajoutez le bouquet garni, le persil, l'estragon, et faites cuire pendant 30 minutes.

Pendant ce temps, ouvrez et sortez les huîtres de leur coquille, puis égouttez-les.

Dans un récipient, mélangez la crème et les jaunes d'œufs.

Filtrez le potage, incorporez le mélange crème-œuf, puis ajoutez l'eau des huîtres. Faites pocher les huîtres quelques secondes dans le bouillon. Mélangez et servez aussitôt avec des croûtons de pain frottés à l'ail.

Tourain à l'oseille

Une nouvelle preuve de l'éclectisme gastronomique de Michel Sardou, un tourain à l'oseille.

Ingrédients pour 8 personnes

2 grosses poignées d'oseille
4 gros oignons
200 g de poitrine demi-sel ou fumée
2 cuillerées à soupe de graisse d'oie ou de saindoux
2 cuillerées à soupe de farine
2 cubes de bouillon de volaille
Sel fin, poivre du moulin

Triez, équeutez, lavez et ciselez finement les feuilles d'oseille. Pelez et hachez les oignons. Coupez la poitrine en petits dés.
Dans une cocotte, sur feu moyen, placez la graisse d'oie, les oignons et la poitrine, et faites cuire jusqu'à légère coloration.

Dans une casserole, préparez le bouillon de volaille avec 1,5 litre d'eau.

Saupoudrez la farine dans la cocotte pour obtenir un roux, puis versez le bouillon. Mettez l'oseille et laissez mijoter pendant 30 minutes à feu doux. Rectifiez l'assaisonnement.

Servez.

Velouté aux champignons

José Garcia, que j'avais connu à Canal +, est formidablement drôle et sympathique. Un invité de rêve ! La règle que je m'étais fixée quand Michel Drucker m'a demandé cette rubrique était de respecter les saisons. José est venu en hiver, ce velouté s'exécute avec des champignons de Paris qu'on trouve toute l'année sur les étals. Inexplicablement, ce potage a un goût très prononcé d'escargot !

Ingrédients pour 4 personnes

250 g de champignons de Paris
2 petites courgettes
1,5 litre de bouillon de volaille
2 cuillerées à soupe de crème épaisse
1 cuillerée à café de sel fin
3 ou 4 tours de moulin à poivre

Retirez le pied terreux des champignons, coupez-les ensuite en quartiers. Tranchez les courgettes non épluchées en rondelles. Déposez les légumes dans un faitout. Recouvrez de bouillon froid. Portez à ébullition et laissez bouillotter à demi-couvert 20 minutes.

Passez au moulin à légumes, grille moyenne, ou au mixeur. Ajoutez la crème et assaisonnez.

Servez chaud.

Les légumes

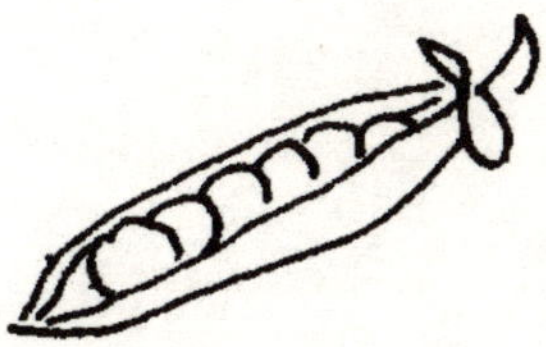

Caviar d'aubergines

Philippe Torreton a voulu un caviar d'aubergines. Il a donné sa recette, nous l'avons exécutée, elle est très bonne.

Ingrédients pour 6 personnes

4 belles aubergines rondes et dodues, d'une belle couleur mauve
6 cuillerées à soupe d'huile d'olive extra vierge
8 petits oignons blancs ou 1 gros
1 citron jaune
1 cuillerée à soupe de vinaigre de vin
2 cuillerées à soupe de persil simple ou de coriandre fraîche hachés
Sel fin, poivre du moulin

Allumez le four à 230 °C (th. 7/8).

Lavez et coupez les aubergines en deux dans la longueur, puis posez-les sur la lèchefrite sur le côté peau. Enduisez la chair d'un peu d'huile d'olive. Enfournez et faites réduire la température du four à 210 °C (th. 7). Comptez 30 minutes de cuisson. La chair doit être compotée.

Avec une cuillère, retirez les chairs. Éliminez la peau. Faites réduire le tout en purée à l'aide d'une fourchette.

Épluchez et émincez les oignons très finement, ajoutez-les à la purée d'aubergines, puis incorporez l'huile d'olive, le jus de citron, le vinaigre ainsi que le persil (ou la coriandre) haché. Assaisonnez.

Servez frais accompagné de pain légèrement grillé ou de blinis avec de la crème fraîche.

Charlotte aux légumes du Midi

Michèle Torr est installée dans le Midi, elle cuisine brillamment. Elle m'a confié sa recette de charlotte aux légumes du Midi et des légumes farcis – poivrons, oignons, aubergines.

Ingrédients pour 8 personnes

6 aubergines plus longues que larges, fermes et brillantes
2 poivrons rouges
2 poivrons verts
1 kg de grosses tomates mûres
6 cuillerées à soupe d'huile d'olive
4 gousses d'ail
5 ou 7 (selon la taille) petites courgettes sans pépins
L'équivalent d'une cuillerée à soupe de thym, romarin
3 chèvres frais
Sel fin, poivre du moulin

Coupez les aubergines dans le sens de la longueur en tranches très fines. Déposez-les dans une passoire et saupoudrez de gros sel pour une heure afin de les faire dégorger et d'éliminer l'amertume. Rincez. Posez sur un papier absorbant ou un linge pour les égoutter.

Épluchez les poivrons avec un épluche-légumes. Retirez les parties ligneuses blanches, les graines à l'intérieur ainsi que le pédoncule. Pelez, épépinez et coupez les tomates en morceaux. Égouttez. Saupoudrez légèrement de gros sel pour favoriser l'extraction de l'eau de végétation. Épluchez les gousses d'ail. Hachez-les très finement.

Faites revenir dans l'huile d'olive les tranches d'aubergine. Égouttez. Dans la même huile, faites revenir les poivrons jusqu'à ce qu'ils soient bien fondus.

Pendant la cuisson des poivrons, coupez les courgettes en tranches de 0,5 cm d'épaisseur.

Préchauffez le four à 220/260 °C (th. 7/8).

Dans un plat à charlotte ou un moule à cake, chemisez avec les tranches d'aubergines cuites, en choisissant les plus grandes, pour qu'elles débordent du plat et permettent ainsi de le recouvrir quand il sera garni. Posez une couche de courgettes crues, une couche de poivrons. Saupoudrez de sel fin, de poivre du moulin et d'ail haché. Ajoutez une couche de tomates, puis étalez des rondelles de chèvre frais, taillées dans l'épaisseur, pour couvrir la surface du moule. Recommencez jusqu'à épuisement des ingrédients, en prenant soin de saler et de poivrer, d'ajouter l'ail toutes les deux couches et de saupoudrer du mélange thym et romarin émietté, et si possible haché finement. On peut laisser déborder au-dessus du moule sans risque, car les ingrédients vont fondre et l'ensemble de la charlotte s'affaisser. Recouvrez avec des aubergines poêlées. Emballez dans deux épaisseurs d'aluminium. Mettez le moule à charlotte dans une sauteuse ou une casserole assez grande. Versez de l'eau chaude aux trois quarts et laissez cuire 45 minutes au four. Vérifiez la cuisson avec une aiguille à brider.

Ce plat peut se servir froid ou chaud.

Coulis ou sauce tomate

Le coulis peut accompagner des pâtes ou servir de sauce de base à des tomates farcies. Cette recette est notamment utilisée dans la terrine de merlan (voir p. 117) et dans la moussaka (voir p. 198).

Ingrédients pour 4 personnes

350 g de tomates
2 cuillerées à soupe d'huile d'olive extra vierge
50 g d'oignons blancs
2 gousses d'ail
1 petit bouquet garni
20 cl de bouillon de volaille, ou d'eau
1 cuillerée à café de sucre en poudre
1 cuillerée à café de sel
4 tours de moulin à poivre

Coupez les tomates en petits morceaux. Faites chauffer dans une casserole l'huile d'olive, les oignons hachés, les gousses d'ail non épluchées, légèrement écrasées. Laissez suer doucement à couvert 5 minutes. Ajoutez les tomates, le bouquet garni, le bouillon de volaille, le sucre. Salez, poivrez. Ajoutez le sucre pour pallier l'acidité naturelle de la tomate. *Cette astuce est valable aussi avec des tomates de pleine terre à la saison.*

Laissez bouillotter un bon quart d'heure à demi couvert, sur feu moyen. Remuez de temps en temps. Retirez le bouquet garni et l'ail. Passez la préparation au mixeur. Si la sauce est trop liquide, faites-la réduire à feu doux jusqu'à obtenir la consistance désirée.

Le coulis peut se faire à l'avance et se conserver 48 heures dans une boîte hermétique au réfrigérateur.

Suggestion

Les puristes procéderont à l'identique avec des tomates pelées et épépinées.

Curry de légumes

Il est délicat et chaleureux. Le talent ne lui fait pas défaut. Daniel Auteuil m'a laissé faire et je lui ai proposé une recette anti-restes. On jette trop, tout en se plaignant que la vie est chère. Cette recette est une façon de démontrer qu'il est possible de faire bon à prix juste. Ce plat permet d'utiliser tous les légumes que vous avez dans votre garde-manger, mais en quantité insuffisante pour les accommoder seuls.

Ingrédients pour 6 personnes

3 oignons
2 navets
2 poireaux
1 carotte
1 courgette
1 bulbe de fenouil
1 poivron rouge ou vert
2 tomates
1 morceau de racine de gingembre frais
1 gousse d'ail
1 petite noix de beurre
3 cuillerées à soupe de raisins secs
1 pomme acide
1 cuillerée à soupe de curry en poudre
2 cuillerées à soupe de crème fraîche (ou 2 yaourts nature, ou 2 yaourts au soja)
Sel fin, poivre du moulin

Les légumes

Épluchez et lavez les légumes que vous avez à votre disposition. Coupez en rondelles oignons, navets, poireaux, carotte, courgette – sans les peler – et le fenouil. Pelez le poivron avec un épluche-légumes (la peau est indigeste), partagez-le en deux, enlevez le pédoncule, les graines, les filaments blancs. Découpez-le en fines lanières puis en tout petits carrés (avec des ciseaux, c'est plus facile). Coupez les tomates en morceaux, sans les peler, mais en éliminant les graines. Épluchez le gingembre et la gousse d'ail.

Dans une cocotte, faites fondre le beurre, versez les oignons et les poireaux, laissez suer sans prendre couleur. Ajoutez le morceau de gingembre, les raisins secs, l'ail écrasé et, par petites poignées introduites peu à peu, les autres légumes. Gardez pour la fin les tomates, la pomme épluchée et coupée en cubes. Saupoudrez de poudre de curry, ajoutez 2 ou 3 cuillerées à soupe d'eau, mélangez bien le tout.

Laissez cuire à découvert une quinzaine de minutes, en remuant de temps en temps. Couvrez la cocotte et prolongez la cuisson 15 minutes, en remuant deux ou trois fois et en vérifiant la cuisson. Le plat est plus savoureux si les légumes sont juste cuits, encore un peu fermes.

Retirez le morceau de gingembre, salez, poivrez, et faites évaporer l'excédent de jus de cuisson. Juste avant de servir, ajoutez la crème fraîche ou les yaourts. Servez avec du riz long.

Suggestion

Pour un plat plus consistant, vous pouvez ajouter en fin de cuisson un restant de pommes de terre cuites à la vapeur et coupées en petits morceaux.

Focaccia

Encore un groupe, encore une recette pour tous. Une recette italienne, simplissime à faire et délicieuse. Une entrée toute simple, un morceau de focaccia, un choix de belles huiles d'olive et un beau vin italien. Malheureusement, une loi interdit de présenter des vins à l'antenne, c'est dommage, car plutôt que d'interdire, on pourrait faire de la pédagogie sur l'art de boire.

Ingrédients pour 6 à 8 personnes

250 g de pommes de terre vapeur écrasées
30 g de levure de boulanger
25 cl de lait entier
1 kg de farine
300 g de sel fin
50 g de parmesan
70 g d'huile d'olive extra vierge
1 œuf entier
30 g de romarin haché

Faites cuire les pommes de terre à la vapeur. Écrasez-les, puis réservez pour qu'elles refroidissent.

Préparez la pâte. Dissolvez la levure dans 25 cl d'eau et le lait, faites tiédir le tout dans un grand bol. Ajoutez tous les autres ingrédients ; mélangez bien le tout. Laissez reposer 3 heures.

Étendez la pâte sur la longueur d'une plaque à four rectangulaire. Mettez au four 20 minutes à 180 °C (th. 6). Ajoutez à la fin le romarin.

Servez chaud à l'apéritif, en entrée ou en accompagnement.

Fonds d'artichauts aux oignons gratinés

Recette excellente réalisée pour Nicole Croisille (voir la recette de la Crique ardéchoise, p. 265).

Ingrédients pour 4 personnes

4 artichauts
500 g d'oignons
30 g de beurre
2 jaunes d'œufs
3 cuillerées à soupe de crème fraîche
1 pincée de noix de muscade râpée
50 g de gruyère râpé
Sel fin, poivre du moulin

La veille, ou le jour même, faites cuire les artichauts. Les fonds doivent rester bien fermes.

Pendant ce temps, épluchez et coupez les oignons en rondelles fines. Dans une sauteuse, à feu doux, mettez le beurre à chauffer (gardez-en un peu pour beurrer le plat), ajoutez les rondelles d'oignons et laissez-les blondir en douceur.

Préchauffez le four à 180 °C (th. 6).

Dans un saladier, battez les jaunes d'œufs en omelette, ajoutez la crème fraîche, mélangez. Ajoutez les rondelles d'oignons au mélange. Mélangez le tout délicatement. Salez, poivrez, et ajoutez la noix de muscade.

Beurrez légèrement le fond de quatre ramequins individuels. Déposez dans chacun un fond d'artichaut. Répartissez soigneusement les rondelles d'oignons aux œufs en faisant éventuellement un petit dôme. Saupoudrez légèrement de gruyère râpé. Mettez au four pour 15 à 20 minutes. Faites passer le four en position gril pendant les cinq dernières minutes pour faire dorer.

Servez de suite dans les petits plats.

Fricassée de légumes

Un hommage à un invité aujourd'hui disparu, une recette, pas facile... D'autant que certains très proches qui auraient pu me donner une piste ont également disparu. J'ai imaginé une recette très légère, facile à faire et à vocation printanière. Ce plat qui peut être une entrée n'a qu'une seule exigence : la parfaite fraîcheur des produits et le respect des temps de cuisson. J'aurais été fier qu'Édith Piaf, l'invitée du jour, puisse y goûter.

Ingrédients pour 6 personnes

1 botte de navets primeurs
1 botte de carottes primeurs
1 botte d'oignons blancs
500 g de petits pois primeurs à écosser
1 botte d'asperges
1 gousse d'ail
1 poignée de feuilles de persil plat
2 cuillerées à soupe de beurre
4 ou 5 petits artichauts poivrade
300 g de pois gourmands
4 à 5 fines tranches de jambon de pays, coupées en lanières de 2 ou 3 cm de large
Sel fin, poivre du moulin

Grattez les navets, brossez les carottes en laissant 1 ou 2 cm de fanes. Épluchez les oignons, conservez 4 ou 5 tiges coupées sur 2 cm de longueur. Écossez les petits pois. Épluchez les asperges, calibrez-les à 12 cm, puis coupez 6 cm de tête. Séparez dans deux récipients différents les pointes et le restant (on peut faire un potage avec la partie inutilisée des asperges). Écrasez grossièrement la gousse d'ail, séparez les feuilles du persil des tiges.

Dans une cocotte en fonte, mettez le beurre, laissez-le prendre une couleur noisette. Ajoutez les navets coupés en quatre et les carottes en deux. Faites revenir sans noircir pendant 5 à 7 minutes avec la gousse d'ail. Ajoutez les oignons, les artichauts (coupés en deux dans le sens de la longueur) et la partie centrale de l'asperge. Mélangez bien avec les carottes et les navets. Laissez revenir 7 minutes, en remuant soigneusement toutes les minutes et demie. Ajoutez les petits pois préalablement plongés une minute dans l'eau bouillante, les pointes d'asperges et les pois gourmands.

Mélangez et faites revenir encore pendant 5 minutes. Ajoutez les lamelles de jambon en conservant le gras. Salez et poivrez. Remuez et ajoutez les poignées de feuilles de persil, remuez à nouveau.

Servez.

Gratin dauphinois

Le thème de l'émission : 5 comédiens sur le plateau, 5 souhaits différents. Inutile d'insister, trouver un consensus : un gratin dauphinois dans la tradition du Dauphiné, succès assuré.

Ingrédients pour 6 personnes

1 kg de pommes de terre à chair ferme
1 gousse d'ail
Un peu de noix de muscade râpée
1/2 litre de lait
200 g de crème fraîche
Sel fin, poivre du moulin

Épluchez et coupez les pommes de terre en tranches fines de 0,5 cm d'épaisseur. Ne les lavez pas.

Sur un linge, salez, poivrez et « muscadez » les pommes de terre.

Frottez avec la gousse d'ail les parois et le fond du plat à gratin.

Préchauffez le four à 200 °C (th. 6/7).

Rangez les pommes de terre dans le plat. Versez le lait et la crème délayés. Mettez au four pour 1 heure.

Vous pouvez allumer le gril en fin de cuisson pour avoir une jolie couleur dorée.

Patates douces rôties aux épices

Un petit plaisir supplémentaire que j'ai voulu faire à Laurent Voulzy, originaire des îles, qui souhaitait, avec son compère Alain Souchon, un rosbif-purée. C'est tout simple, tout bête, tout facile, inattendu.

Ingrédients pour 6 personnes

1 kg de patates douces à chair orangée
3 cuillerées à soupe d'huile de tournesol ou de colza
1 cuillerée à café rase de cumin
1 cuillerée à café rase de gingembre en poudre (ou de gingembre frais râpé)
1 pointe de couteau de quatre-épices
1/2 citron
Sel fin, poivre du moulin

Préchauffez le four à 220 °C (th. 7/8).

Pelez et coupez les patates douces en minces rondelles. Déposez-les dans un plat à four.

Dans un petit bol, mélangez l'huile et les épices, versez la préparation sur les légumes, salez, poivrez. Enfournez le plat pour 30 à 40 minutes, en le couvrant d'une feuille de papier d'aluminium pendant les vingt premières minutes.

À la sortie du four, ajoutez un filet de jus de citron et servez aussitôt.

Suggestion

Ce plat peut parfaitement se cuire à l'avance et se réchauffer au dernier moment.

Pommes cocotte grand-mère

C'est la garniture traditionnelle de la pintade rôtie, comme celle réalisée pour Pascal Sevran (voir p. 208).

Ingrédients pour 4 personnes

3 cuillerées à soupe de beurre
20 petits oignons grelots
1 cuillerée à soupe de sucre
400 g de petites pommes de terre (type roseval ou belle de Fontenay)
300 g de champignons de Paris, ou sauvages
150 g de poitrine fumée
3 cuillerées de persil plat haché
2 cuillerées à café de sel fin
5 tours de moulin à poivre

Pelez les oignons et les pommes de terre. Coupez le bout terreux des champignons.

Dans une casserole, faites fondre 1 cuillerée à soupe de beurre. Ajoutez les petits oignons, le sucre, 4 cuillerées à soupe d'eau, le sel, le poivre. Laissez dorer 20 minutes environ, jusqu'à ce que les oignons s'enrobent d'un léger caramel blond.

Dans une poêle, faites grésiller 1 cuillerée à soupe de beurre, ajoutez les pommes de terre coupées en dés, lavées et séchées, pour obtenir des pommes de terre sautées.

Dans le même temps, mais dans une autre poêle, faites rissoler la poitrine fumée coupée en lardons sans matière grasse. Quand ils sont bien dorés, retirez-les avec une écumoire et réservez.

Dans la même poêle, faites cuire les champignons (les plus gros coupés en deux) avec 1 cuillerée à soupe de beurre. Réunissez tous les ingrédients cuits. Saupoudrez de persil plat haché.

Servez aussitôt.

Pommes de terre frites

Miou-Miou ne se cache pas, elle est naturellement simple et modeste, fait son marché elle-même, au juste prix, connaissant bien les produits et cuisinant bien. Elle sait ce qu'elle veut, elle a compris que cette émission était populaire, elle a dit « des frites ». Tout a défilé, la pomme allumette, la pomme pont-neuf, maître d'hôtel, et surtout la frite chatouillard, en hommage à un Monsieur Chatouillard qui a inventé un appareil très simple que l'on peut encore trouver chez Dehillerin, le chatouillard, qui permet de transformer une banale pomme de terre en une rosace prête à frire.

Les pommes de terre frites ne se présentent pas précuites, dans un sac en plastique, prêtes à jeter dans un bain de friture ou à passer au four, ou encore toutes prêtes, « micro-ondables », surgelées dans les trois cas. Non, les frites dignes de ce nom, fondantes à l'intérieur, croustillantes à l'extérieur, se font à la maison, dans une négresse – accessoirement dans une friteuse électrique. La négresse est la bassine classique équipée de deux anses pour recevoir le panier. L'avantage de cette bassine est la possibilité de contrôler de visu le niveau de bouillonnement de l'huile alors que, dans une friteuse électrique, couvercle fermé, on est condamné à se fier à la machine. La friteuse ne résout pas tous les problèmes propres à la réalisation d'une frite de qualité, deux paramètres majeurs sont à prendre en compte, nécessairement qualitatifs : la pomme de terre et l'huile.

La **bintje**, pomme de terre de consommation courante et bon marché, est à privilégier.

L'huile ou la graisse doivent être neutres de goût. On a beaucoup utilisé les graisses de rognons de bœuf, de veau et même de cheval, mais la mode est passée, liée à la difficulté de trouver la matière première. On utilise essentiellement l'huile ou une margarine d'origine végétale. Les mérites de l'huile de palme ont été vantés, on a évoqué celle de courge comme étant le nec plus ultra. Pour ma part, je me cantonne à **l'huile de pépins de raisin**, qui supporte le mieux les hautes températures – jamais plus de 210 °C. Il va de soi que je déconseille formellement les mélanges d'huiles, ils n'apportent aucun plus dans aucun domaine.

L'huile de friture se conserve, mais elle s'entretient. Après utilisation, il est indispensable de la laisser refroidir, puis de la passer au chinois ou à la passoire fine. Un bain de friture bien entretenu s'utilise six ou sept fois. Il est conseillé de ne pas compléter son volume par un ajout d'huile fraîche et d'utiliser des bains différents pour le poisson et les préparations sucrées.

Dans la famille des frites on rencontre la pomme pont-neuf, la pomme allumette, la pomme paille et la pomme chips. Ce qui les différencie avant tout est leur taille, sinon la même règle d'or absolue leur est appliquée : elles doivent être épluchées, taillées, lavées à grande eau, égouttées, séchées. Le lavage à grande eau ayant pour but de les débarrasser de la fécule.
À l'exception des pommes chips, la cuisson des frites s'opère en deux temps :

Premier temps

Immergez les pommes de terre dans la friture (160/170 °C) pour qu'elles cuisent. L'huile bouillonne et, dès qu'elles sont cuites, les pommes de terre remontent à la surface. Égouttez-les dans le panier et laissez refroidir.

Second temps

Montez la température du bain d'huile (180/190 °C) et plongez les pommes de terre déjà cuites jusqu'à ce qu'elles soient dorées et croustillantes. Déposez-les quelques secondes sur du papier absorbant pour les débarrasser de l'excédent de graisse et les saupoudrer de sel fin.

Les **pommes pont-neuf** sont taillées en bâtonnets de 7 à 8 cm de longueur pour une section de 1 cm. Leur premier bain de friture limité à 6 ou 7 minutes devrait suffire et le second ne pas dépasser 3 minutes.

Les **pommes allumettes** sont moitié moins grosses que les pont-neuf, elles cuisent donc 1 à 2 minutes de moins dans leur premier bain, et 2 minutes dans le second devrait les dorer suffisamment. Attention à remuer le panier, car les allumettes ont tendance à s'agglutiner.

Les **pommes paille** sont taillées au mouli-légumes grosse grille. On les cuit 2 minutes dans le premier bain, 1 minute dans le second, en prenant la précaution de les remuer sans cesse.

Les **pommes chips** sont des pommes de terre tranchées en rondelles fines, lavées et séchées. Elles n'ont besoin que d'un seul bain dans une friture très chaude pendant 3 minutes. Elles aussi exigent d'être remuées.

Purée de betteraves rouges

Une des trois recettes réalisées pour Nicole Croisille (voir recette de la Crique ardéchoise, p. 265).

Ingrédients pour 4 personnes

400 g de betteraves rouges cuites
1 échalote
50 à 70 g de beurre
1 cuillerée à soupe de vinaigre de vin
10 cl de vin rouge
Sel fin, poivre du moulin

Les légumes

Pelez et coupez les betteraves en petits dés, réservez.

Hachez finement l'échalote.

Dans une sauteuse, mettez 10 g de beurre à fondre à feu moyen doux. Dès qu'il est blond, ajoutez l'échalote. Faites-la fondre sans qu'elle prenne de couleur. Mouillez avec le vinaigre et laissez réduire. Ajoutez le vin rouge et les dés de betterave. Mélangez bien le tout, salez, poivrez. À petit feu, laissez mijoter doucement pendant 10 minutes.

Passez le tout au mixeur. Remettez dans la casserole et incorporez en plusieurs fois 50 à 60 g de beurre, en petits morceaux.

Servez dans un plat chaud, comme garniture de râble de lièvre rôti ou de civet de lièvre.

Purée de pommes de terre au persil

La purée de pomme de terre peut être une garniture banale dès l'instant ou on ne choisit pas avec attention la variété de pomme de terre beauvais (quand on la trouve) ou bintje. La pomme de terre réduite en purée au moulin à légumes - rien d'autre sinon elle colle - exige de la crème et du beurre. On peut la transformer en mousseline, la verdir pour la personnaliser avec une botte de persil plat, ou la remplacer par des purées de légumes (betterave rouge, chou-fleur, haricot blanc, lentilles, patate douce... la liste est longue). Laurent Voulzy et son compère Alain Souchon voulaient un rosbif-purée, je leur ai proposé une déclinaison de purée...

Ingrédients pour 4 personnes

500 g de pommes de terre beauvais ou bintje
1 grosse botte de persil plat
1 poireau
2 belles cuillerées à soupe de beurre très froid
1 verre de lait entier
1 cuillerée à soupe de gros sel

Épluchez et lavez les pommes de terre soigneusement. Lavez, équeutez et hachez le persil grossièrement. Lavez et tronçonnez le poireau.

Rassemblez dans une casserole les pommes de terre, le persil et le poireau. Recouvrez largement d'eau. Faites cuire à ébullition moyenne environ 20 minutes, à découvert, en ajoutant la cuillère à soupe de gros sel au bout de 15 minutes. Égouttez. Passez au moulin à légumes. Remettez la purée sur le feu et travaillez-la très énergiquement à l'aide d'une cuillère en bois. Incorporez le beurre très froid, coupé en petits morceaux, en continuant à remuer. Versez le lait préalablement chauffé, mélangez.

Servez avec un poulet au vinaigre, du boudin ou une andouillette.

Purée mousseline

Ingrédients pour 4 personnes

500 g de pommes de terre
1 cuillerée à soupe de beurre
1 demi-verre (10 cl) de lait entier
100 g de crème liquide
Sel fin

Épluchez, lavez et faites cuire les pommes de terre, égouttez et passez-les au moulin à légumes.

Desséchez la purée obtenue dans une casserole sur feu doux avec une cuillère en bois, comme pour une pâte à choux. Ajoutez le beurre, le lait, la crème battue en chantilly, rectifiez l'assaisonnement (les pommes de terre ayant été salées à la cuisson).

Suggestion

La purée traditionnelle se prépare à l'identique, mais on remplace la crème par 125 g de beurre que l'on incorpore au fouet, morceau par morceau, en alternant avec un peu de lait chaud.

Ratatouille niçoise

Stéphane Bern est profondément un gentil. Sa fréquentation de l'aristocratie ne lui a pas gâté le goût. Dans sa thébaïde grecque, il cuisine simplement les beaux produits du pays. Il a proposé une ratatouille, quoi de plus simple quand on a de beaux légumes.

Ingrédients pour 6 personnes

1 kg d'aubergines
1 kg de courgettes longues
1 kg de poivrons verts ou rouges
1 kg d'oignons
1,5 kg de tomates
5 petites gousses d'ail
1 poignée de 30 feuilles de basilic
5 pincées de feuilles de thym émiettées
1 bouquet de persil
Huile d'olive extra vierge
Sel fin, poivre du moulin

Coupez les aubergines et les courgettes en rondelles de 1 cm d'épaisseur. Séparez les aubergines et les courgettes en les mettant dans deux terrines différentes. Saupoudrez-les très légèrement de sel.

Taillez les poivrons en fines lamelles, après les avoir débarrassés de leur pédoncule et égrenés, réservez-les dans une terrine. Émincez et salez les oignons. Réservez.

Pelez, épépinez et égouttez les tomates. Réservez.

Dans une poêle, mettez à fondre à couvert, dans 3 cuillerées à soupe d'huile d'olive, les rondelles d'aubergines. Même opération, dans une autre poêle, pour les courgettes. Même opération, dans une troisième poêle, pour les poivrons en lamelles. Même opération, dans une quatrième poêle, pour les oignons.

Dans une casserole à fond épais, faites mijoter, dans l'huile d'olive, avec l'ail haché fin, le basilic et les aromates, les tomates écrasées entre les doigts, et ce jusqu'à concentration de la sauce.

Dans une cocotte de fortes dimensions, tenue sur feu extrêmement doux, jetez les légumes, aussitôt que chacun aura séparément atteint son degré de cuisson. On s'assurera de cet état de choses en les goûtant fréquemment. Veillez également à saler et poivrer au goût. C'est ainsi que la ratatouille sera parfaitement réussie, puisque les différents légumes, n'ayant pas le même temps de cuisson, en auront, chacun, atteint le point précis à partir duquel ils perdent leur dureté et conservent toute leur saveur.

Lorsque la sauce tomate est bien concentrée, mélangez-la à l'ensemble, et remuez soigneusement avec une cuillère en bois. Égouttez, à l'aide du couvercle, en renversant la cocotte à 90 degrés, l'huile qui se trouve en excès dans la ratatouille, et servez.

Riz au vermicelle (*Rizi me fidhès*)

C'est la recette qui accompagnait les boulettes de viande au citron servies pour Nana Mouskouri (voir recette p. 134).

Ingrédients pour 4 à 6 personnes

250 g de riz
100 g de vermicelles
1/2 litre de bouillon de légumes
1 oignon
6 cuillerées à soupe d'huile d'olive extra vierge
Sel fin, poivre du moulin

Faites dorer dans une poêle l'oignon haché avec l'huile d'olive. Aussitôt qu'il commence à colorer, ajoutez le vermicelle coupé en tout petits morceaux. Faites rissoler quelques minutes à feu doux, en remuant sans arrêt.

Portez à ébullition le bouillon, versez le riz en pluie, puis le mélange de vermicelle et d'oignon. Remuez à la fourchette. Salez et poivrez. Faites cuire à feu moyen jusqu'à évaporation presque totale du liquide, puis continuez la cuisson à très petit feu dans la casserole couverte, pour « sécher » le riz.

Servez chaud avec viandes en sauce, boulettes et tout autre ragoût de viande et de légumes.

Tian de légumes

Recette réalisée pour Michèle Torr – voir la recette de la Charlotte aux légumes (p. 66).

Ingrédients pour 4 personnes

6 aubergines
6 tomates
6 oignons
6 courgettes
Thym
Laurier
Huile d'olive extra vierge
Sel fin, poivre du moulin

Lavez, coupez tous les légumes en rondelles et, si possible, en morceaux de la même grosseur. C'est plus joli.

Dans un plat à gratin, disposez vos rondelles de tomates, courgettes, aubergines et oignons verticalement, bien serrées, et ce toujours dans le même ordre. Salez, poivrez et éparpillez dessus le thym et le laurier. Arrosez d'une ou de plusieurs rasades d'huile d'olive.

Faites cuire au four à 160 °C (th. 5/6) pendant au moins 40 minutes.

Si cela sèche trop, ajoutez un peu d'eau.

Les poissons

Aïoli

Julien Lepers a une admiration sans borne pour son papa. Quand ils se retrouvent à Saint-Raphaël, il l'invite à partager un aïoli. J'ai donc demandé à Jean-Marc Banzo, le chef de la Villa Madie, de nous préparer un aïoli d'anthologie que nous avons dégusté en l'absence de Monsieur Lepers père, sous une pluie battante, sur les hauteurs de Cassis, la Méditerranée à nos pieds.

Ingrédients pour 6 personnes

1 kg de morue dessalée (pavés de 200 g)
10 cl de lait demi-écrémé
1 feuille de laurier
18 bulots cuits (chez votre poissonnier)

Pour la garniture

12 carottes fanes
6 navets fanes
1 chou-fleur bien blanc
2 fenouils coupés chacun en 3 quartiers
6 pommes de terre Charlotte
1 gousse d'ail
6 artichauts violets
1/2 citron
1 cuillerée à soupe de farine
6 œufs entiers
300 g de haricots verts

Pour l'aïoli

2 gousses d'ail dégermé
1 jaune d'œuf
30 cl d'huile d'olive extra vierge

Les poissons

Faites pocher les pavés de morue à l'eau avec 10 cl de lait et 1 feuille de laurier, pendant 25 minutes à frémissement.

Faites cuire les légumes (carottes, navets, chou-fleur, fenouils) à la vapeur pendant 15 à 20 minutes. Faites cuire les pommes de terre. Ajoutez une gousse d'ail dans l'eau. Faites cuire les artichauts violets. Ajoutez le jus d'un demi-citron et une cuillerée à soupe de farine.

Faites cuire 6 œufs durs. Faites cuire les haricots à l'eau salée, puis passez-les sous l'eau froide pour arrêter la cuisson.

Préparez l'aïoli. Dans un mortier de pierre et au pilon, écrasez l'ail, ajoutez le jaune d'œuf et incorporez l'huile d'olive, comme pour une mayonnaise.

Sur un grand plat de service, disposez la morue au centre, les bulots et les légumes tout autour, la sauce aïoli à part dans le mortier.

Recette du chef Jean-Marc Banzo

La Villa Madie – Anse de Corton – Avenue du Revestel – 13260 Cassis
Tél. : 04 96 18 00 00

Bar en croûte de sel

Christian Clavier est un des habitués de l'émission. Il faisait un régime pour rentrer dans les costumes de La cage aux folles, *il voulait un poisson. Je lui ai proposé un bar de ligne cuit dans une croûte de sel. Il n'a pas pris un gramme pendant l'émission.*

Ingrédients pour 6 personnes

1 bar de 1,5 kg, vidé par le poissonnier
2 kg de gros sel
2 blancs d'œufs légèrement battus

Thym, laurier, estragon, sauge, mélangés ou séparés, pourront être introduits dans les entrailles du poisson pour l'aromatiser

Préchauffez le four à 240 °C (th. 8).

Dans un saladier, mélangez le gros sel avec les blancs d'œufs fouettés quelques instants.

Introduisez dans le poisson les herbes aromatiques selon votre choix.

Dans le fond d'un plat à four, d'une cocotte ou dans la lèchefrite, étalez une couche d'accueil de gros sel qui ne doit pas dépasser 1 cm d'épaisseur. Allongez le poisson sur cette première couche de gros sel et recouvrez-le avec le restant, en prenant soin de ne laisser aucun interstice. Enfournez à mi-hauteur pour 35 à 40 minutes.

À la cuisson, le gros sel durcit. Après présentation aux convives, il est préférable de rapporter le plat en cuisine pour casser la croûte de sel, en prenant la précaution de la recouvrir d'un torchon, car le sel a tendance à s'éparpiller. Retirez tout le sel, puis la peau du poisson, en évitant que la chair soit en contact avec le sel.

Servez avec une jolie bouteille d'huile d'olive première pression ou avec un beurre fondu bien citronné.

Beignets de morue

La maman de Lio est portugaise et tout le monde sait que la morue est le plat national de ce pays. Elle est venue chez moi pour préparer ce plat succulent parfaitement traditionnel. Lio est drôle, charmante, d'une fraîcheur enfantine, et sa maman follement séduisante.

À commencer la veille

Ingrédients pour 4 personnes

500 g de morue salée
500 g de pommes de terre pour faire de la purée (bintje)
1 belle gousse d'ail
1 oignon
1 grosse botte de persil
6 œufs frais
Huile de friture

Faites dessaler la morue au minimum 24 heures, en plongeant les morceaux dans une bassine d'eau fraîche - dans le fond du récipient, posez une assiette creuse retournée pour que le sel s'élimine - qui sera renouvelée toutes les 6 heures. Idéalement, laissez un filet d'eau fraîche pendant toute la période de dessalage.

Mettez la morue à cuire dans l'eau froide et maintenez à ébullition de 15 à 20 minutes. Faites cuire les pommes de terre coupées en morceaux dans l'eau froide et passez-les au moulin à légumes.

Pendant la cuisson des pommes de terre et de la morue, hachez très fin l'ail, l'oignon et le persil, mélangez ces trois ingrédients.

Lorsque la morue est cuite, égouttez, retirez la peau et les arêtes et déchiquetez-la en très fins filaments. Mélangez les pommes de terre, la morue, l'oignon, l'ail, le persil et les œufs entiers.

Au moyen de 2 cuillères à soupe, façonnez des quenelles et jetez-les au fur et à mesure dans la friture. Retirez ces quenelles lorsqu'elles sont dorées et croustillantes.

Suggestions

Vous pouvez servir ce plat à l'apéritif, en entrée, avec une salade croquante et un peu relevée, ou en plat de résistance avec une sauce tomate. La taille des quenelles sera adaptée au moment du service. Au moment du mélange de tous les ingrédients, vous pouvez ajouter du poivre, et éventuellement du sel si la morue est trop dessalée.

Brandade de morue

Pierre Bellemare a choisi la brandade de morue, plat ô combien conflictuel entre les Marseillais et les Nîmois. La tradition veut qu'il n'y ait pas de pommes de terre dans la brandade ; les industriels en ont ajouté pour réduire son coût... J'ai maintenu la tradition et confectionné une brandade de tradition comme il se doit, sans pommes de terre !

À commencer la veille

Ingrédients pour 4 à 6 personnes

1 kg de morue salée
70 cl d'huile d'olive extra vierge
30 cl de lait entier
3 brins de thym
3 feuilles de laurier

Faites dessaler la morue 24 heures en renouvelant l'eau plusieurs fois.

Coupez la morue en morceaux. Faites démarrer sa cuisson à l'eau froide, puis faites-la pocher pendant 8 minutes à petits frémissements avec les aromates. Égouttez-la, retirez la peau, les arêtes et effeuillez-la.

Faites chauffer dans une casserole à fond épais 20 cl d'huile d'olive sans qu'elle ne fume. Ajoutez la morue et travaillez le mélange à feu doux avec une cuillère en bois. Dès l'obtention d'une pâte fine, continuez à travailler en y ajoutant petit à petit, sans cesser de remuer, le restant de l'huile tiède en alternance avec le lait, également tiédi, jusqu'à la consistance d'une purée crémeuse et homogène. Enlevez du feu de temps en temps pendant ce mélange.

Dressez la brandade dans un plat creux ou laissez-la dans la casserole, puis disposez des croûtons frits dans l'huile d'olive.

Caudière

Jack Lang s'adapte au gré des circonscriptions qui veulent bien l'élire. Député de Boulogne, il a choisi naturellement une recette facile à faire, même s'il prétend être un bon cuisinier : la caudière, recette traditionnelle de la région. Il a été surpris et gourmand de découvrir cette recette au cours de l'émission.

Ingrédients pour 6 personnes

1,5 kg de poissons de petite taille dont solettes, turbotins, grondins et un tronçon de congre
150 g d'oignons
1 clou de girofle
1 branche de thym
1/2 feuille de laurier
500 g de pommes de terre
50 cl de vin blanc
2 gousses d'ail
1 jaune d'œuf
10 cl de crème fraîche double
1 litre de moules ou 1 ou 2 langoustines par personne selon leur taille (facultatif)

Dans une casserole, sur feu moyen, faites chauffer 1,5 litre d'eau. Ajoutez un oignon pelé et coupé en quartiers, le clou de girofle, le thym, le laurier et toutes les parures de poissons. Laissez à petits bouillonnements pendant 20 minutes.

Épluchez les pommes de terre, coupez-les en rondelles de 2 mm d'épaisseur. Hachez ensemble le reste des oignons et l'ail.

Dans une sauteuse, répartissez en couches les rondelles de pommes de terre et le hachis d'aromates. Mouillez avec le vin et le contenu de la casserole passé au chinois. Faites cuire 10 minutes à feu moyen.

Posez les filets de poisson sur les pommes de terre, qui doivent être recouverts par le fumet. Maintenez la cuisson pendant 10 minutes.

Dans un bol, délayez le jaune d'œuf et la crème fraîche avec un peu de bouillon de cuisson. Versez le contenu du bol dans la sauteuse, mélangez délicatement, servez dans le plat ou dans une soupière.

Suggestions

Les moules grattées se mettent dans une casserole sur feu vif. Dès qu'elles sont ouvertes, versez le jus des moules dans la sauteuse. Décoquillez et ajoutez les moules lorsque le mélange crème-œuf a été versé dans la sauteuse.

Les langoustines se font cuire à la vapeur ou dans de l'eau bouillante salée. Retirez-les dès la reprise de l'ébullition.

Coulibiac de saumon

Charlotte Gainsbourg est modeste et timide, pourtant elle sait ce qu'elle veut : un koulibiac de saumon, qui peut aussi s'écrire avec un « c ». D'origine russe, il s'agit d'un pâté sans moule, un peu comme le pâté lorrain, quelquefois présenté dans un moule en terre cuite en forme de poisson. Le pâté est farci généralement de saumon et d'œuf dur. La lecture de la recette est rébarbative, sa mise en œuvre est facile. On peut le manger froid, mais c'est meilleur tiède.

Ingrédients pour 8 personnes

Pour la pâte

300 g de beurre
500 g de farine
Sel fin, poivre du moulin

Pour le court-bouillon

4 branches de céleri
200 g de carottes
2 oignons
50 cl de vin blanc sec
1 poignée de gros sel
Sel fin, poivre du moulin

Pour la farce

1 morceau de saumon frais de 1,3 kg
250 g de champignons de Paris
130 g de beurre
3 cuillerées à soupe de jus de citron
6 oignons
120 g de riz long
25 cl de bouillon de volaille
3 œufs entiers
Aneth haché

Pour l'assemblage

1 jaune d'œuf
25 cl de crème fraîche

Préparez la pâte. Incorporez les morceaux de beurre à la farine, salez, poivrez. Travaillez la pâte dans un saladier. Mouillez avec 20 cl d'eau glacée. Mélangez et formez une boule. Partagez-la en deux parts et farinez. Enveloppez-les de papier sulfurisé. Réservez 3 heures au réfrigérateur.

Préparez le court-bouillon. Épluchez le céleri et les carottes, lavez-les. Pelez les oignons. Hachez tous les légumes. Dans une poissonnière, versez 2,5 litres d'eau, la poignée de gros sel et le vin blanc. Ajoutez les légumes. Salez, poivrez. Portez à ébullition. Laissez refroidir, puis ajoutez le saumon. Faites reprendre l'ébullition, baissez le feu et laissez mijoter 10 minutes. Sortez le saumon, ôtez la peau, les arêtes et émiettez-le.

Lavez et émincez les champignons. Faites-les revenir dans 2 cuillerées à soupe de beurre. Mettez-les dans un grand bol, arrosez du jus de citron. Salez, poivrez et mélangez. Pelez et hachez les oignons, réservez-en 1 cuillerée à soupe. Faites revenir le reste dans 100 g de beurre. Salez, poivrez. Versez sur les champignons.

Faites revenir les oignons réservés dans le reste du beurre. Ajoutez le riz et mélangez. Arrosez de bouillon, portez à ébullition. Laissez mijoter 10 minutes. Faites durcir les œufs, écalez et hachez-les. Ajoutez l'aneth haché au riz. Mélangez tous les ingrédients.

Préchauffez le four à 220 °C (th. 7).

Abaissez chaque part de pâte en un rectangle de 2 cm d'épaisseur. Posez le premier rectangle de pâte sur la plaque du four beurrée et farinée. Étalez la farce jusqu'à 2,5 cm des bords.

Mélangez le jaune d'œuf et la crème. Badigeonnez les bords. Couvrez du reste de pâte. Soudez les bords. Formez une cheminée. Badigeonnez avec le mélange œuf-crème. Faites cuire 1 heure au four.

Court-bouillon de poisson sauce piquante

Laurent Voulzy est né à Paris, mais il revendique ses origines guadeloupéennes. Il était donc naturel qu'invité principal il demande une recette typiquement locale. Difficile en métropole de trouver du vivaneau, délicieux poisson des îles, pour réussir ce plat. Nous l'avons fait avec des poissons de nos côtes. Le roucou est facile à trouver en épicerie exotique. Cette épice colore et parfume l'huile neutre dès l'instant ou on les mélange – au minimum – la veille pour le lendemain.

Ingrédients pour 6 personnes

1 kg de différents poissons de mer entiers
4 citrons
3 tomates
2 gousses d'ail
4 à 5 cives
1 bouquet de persil
1 branche de thym
1/2 piment
10 cl d'huile végétale de goût neutre (colza, tournesol, pépins de raisin)
4 ou 5 cuillerées à soupe d'huile de roucou
Sel fin, poivre du moulin

Les poissons

Placez les poissons dans un plat creux, ajoutez le jus de trois citrons, une pincée de sel, et versez suffisamment d'eau pour juste recouvrir le poisson. Faites mariner 10 minutes. Retirez et essuyez le poisson.

Pelez les tomates – trempez-les rapidement dans de l'eau bouillante, puis de l'eau froide. Épépinez-les, puis coupez la chair en dés.

Épluchez et hachez l'ail. Épluchez les cives et coupez-les en fines rondelles. Lavez le persil, le thym et hachez menu. Retirez les graines et les filaments blancs du piment et hachez-le très fin. Mettez de côté la moitié de l'ail et du piment.

Faites chauffer l'huile, ajoutez l'huile de roucou, et faites brièvement brunir les cives avec le persil, le thym et le piment. Ajoutez les tomates et l'ail, salez, poivrez et laissez revenir

5 minutes. Plongez le poisson dans la sauce, ajoutez un peu d'eau et faites mijoter à couvert et à feu doux de 15 à 20 minutes.

Ajoutez l'ail, le jus d'un citron et le piment restant. Faites encore mijoter de 1 à 2 minutes.

Servez avec du riz, des pommes de terre ou des patates douces.

Filets de lisettes au vin blanc, salade de rattes à l'échalote grise

Encore un spécial « Années 60 », une recette consensuelle s'impose : celle qui a été établie par l'excellent Stéphane Schmidt, chef de notre ami Christian Constant au Violon d'Ingres.

À faire la veille

Ingrédients pour 4 personnes

6 ou 12 lisettes, suivant leur grosseur (demander au poissonnier de lever les filets)
2 carottes émincées
1 oignon ciselé
1 cuillerée à café d'ail haché
2 branches de thym frais
4 cuillerées à soupe d'huile d'olive extra vierge
1 bouquet garni (persil, laurier, coriandre)
20 cl de vin blanc
8 pommes de terre ratte
1 échalote grise ciselée
1 botte de ciboulette hachée
10 cl de vinaigrette
1 cuillerée à café de vinaigre de vin vieux
Quelques pluches de cerfeuil
Quelques rondelles d'oignon rouge
Sel fin, poivre du moulin

Les poissons

La veille, déposez les filets de lisettes dans un plat légèrement huilé.

Dans une casserole, faites étuver les carottes, les oignons, l'ail et le thym avec l'huile d'olive. Ajoutez le bouquet garni et déglacez avec le vin blanc. Laissez réduire. Maintenez la cuisson 10 minutes à feu doux, versez le mélange sur les filets de lisettes, puis laissez refroidir. Réservez au frais durant 6 heures au moins.

Le jour de la recette, dans une grande quantité d'eau salée, faites cuire les pommes de terre en robe des champs ; dès qu'elles sont cuites, coupez-les en rondelles et disposez-les sur un plat de service. Salez, poivrez, parsemez d'échalotes hachées et de ciboulette ciselée.

Lorsque les oignons et les carottes sont un peu ramollis, ajoutez la vinaigrette et arrosez avec un filet d'huile d'olive et de vinaigre de vin vieux.

Disposez les filets de lisettes sur les pommes de terre tièdes. Ajoutez les pluches de cerfeuil et les rondelles d'oignon rouge. Vérifiez l'assaisonnement et servez aussitôt.

Recette du chef Stéphane Schmidt

Le Violon d'Ingres – 135, rue Saint-Dominique – 75007 Paris
Tél. : 01 45 55 15 05

Filets panés « spécial enfants »

Feu André Bourvil n'a pas laissé, à ma connaissance, de plat préféré. J'aurais pu faire un plat normand puisqu'il était originaire de cette belle région, j'ai eu envie de montrer aux « anciens » notoirement friands de l'émission qu'il était aussi facile de préparer des filets de poisson panés aux petits-enfants plutôt que d'acheter bêtement une préparation toute faite qui, malheureusement, ne leur apprend rien sur la taille des poissons.

Ingrédients pour 6 personnes

6 filets de poisson
3 œufs entiers
Pain rassis ou biscotte réduits en miettes pour la chapelure
110 g de beurre
1 citron
Sel fin, poivre du moulin

Dans un plat, salez et battez des œufs – 1 œuf pour 2 filets.

Séchez bien les filets de poisson. Trempez-les dans l'œuf battu, puis saupoudrez de chapelure sur chaque face. Lorsque le poisson est bien recouvert de chapelure, fixez-la en passant en douceur un rouleau à pâtisserie sur chaque face.

Faites cuire comme un poisson meunière. Dans une poêle, faites fondre 50 g de beurre, lorsqu'il grésille, déposez les filets panés. Faites dorer sur la première face, réduisez la puissance du feu et soulevez les poissons avec une ou deux spatules. Réhumectez au pinceau de cuisine l'ensemble de la poêle de matière grasse pour éviter que le poisson n'attache. Retournez délicatement les poissons. Après 3 à 4 minutes sur chaque face, égouttez sur un papier absorbant, puis posez les filets dans un plat de service chaud. Procédez de la même manière pour les autres filets.

Ajoutez 60 g de beurre dans la poêle, laissez fondre et chauffer. Ajoutez le jus d'un citron pour faire mousser, puis versez sur les filets.

Servez immédiatement.

Maquereaux au vin rouge

Le poisson est bien antérieur à la profession, Marc Lavoine l'a compris lorsque je lui ai proposé cette recette qui pouvait encourager les plaisanteries de mes camarades de travail. On utilise des gros maquereaux, moins chers que le maquereau jeune (que l'on appelle lisette et qui aime se vautrer dans le vin blanc, voir recette p. 103), alors que le maquereau plus âgé aime le vin rouge.

Ingrédients pour 5 ou 6 personnes

4 gros maquereaux bien gras, d'environ 500 g pièce, coupés en tronçons de 5 à 6 cm par le poissonnier
250 g de champignons de Paris
50 g de beurre
250 g de poitrine fumée, coupée en lardons

Pour la sauce au vin rouge

120 g de beurre
2 échalotes
1 branche de thym
1 feuille de laurier
3 branches de persil
1/2 litre de vin rouge tannique
1 cuillerée à soupe de farine
Sel fin, poivre du moulin

Lavez et coupez en quatre ou six, selon la taille, les champignons de Paris, puis faites-les revenir dans 20 g de beurre.

Mettez les lardons dans une poêle à revêtement antiadhésif. Faites-les revenir bien croustillants. Réservez-les sans leur matière grasse.

Préparation de la sauce. Sortez à l'avance 20 g de beurre pour le laisser doucement ramollir à température de la pièce. Les 100 g restant seront coupés en petits morceaux et maintenus au réfrigérateur. Mettez dans une casserole les échalotes épluchées et finement hachées avec le thym, le laurier, le persil et le vin rouge. Portez à ébullition et laissez réduire de moitié. Mélangez intimement le beurre assoupli avec la farine. Lorsque le vin est réduit, passez-le au chinois et remettez-le à ébullition. Dans un bol, délayez le mélange farine-beurre avec une première cuillerée à soupe de vin, puis une autre. Lorsque le mélange est onctueux, versez dans le vin rouge en ébullition et laissez mijoter extrêmement doucement jusqu'à ce que cette sauce épaississe. Incorporez alors les morceaux de beurre ferme restés dans le réfrigérateur et battez énergiquement à l'aide d'un fouet. Assaisonnez de sel et de poivre au moulin.

Faites revenir dans 30 g de beurre les tronçons de maquereaux pendant 5 minutes. Ajoutez les champignons, les lardons et les tronçons de maquereaux à la sauce au vin rouge. Laissez les différents ingrédients s'imprégner du vin rouge.

Servez bien chaud avec des tranches de baguette grillées.

Merlu (colin des familles)

J'aurais pu faire un agneau de Patagonie, mais comme Florent Pagny y passe une partie de sa vie, j'ai préféré un plat convivial, un grand classique du dimanche et de ces tablées joyeuses à l'occasion d'une fête carillonnée. Un poisson froid servi avec des légumes juste pochés et une mayonnaise. Il a apprécié.

Ingrédients pour 6 personnes

1 colin de 1,5 kg
1 bol de mayonnaise
3 cuillerées à soupe de fines herbes hachées (ciboulette, estragon, persil, cerfeuil)
Quelques feuilles de laitue bien fraîche
6 œufs durs

Pour le court-bouillon au vin blanc

1 bouteille de vin blanc sec
4 carottes coupées en rondelles très fines
3 oignons émincés
3 échalotes émincées très finement
3 poireaux coupés en fines lanières
1 petite branche de céleri
1 bouquet de persil
2 branches de thym
2 feuilles de laurier
45 g ou 3 cuillerées à soupe pleines de gros sel
1 cuillerée à café de poivre en grains

Préparez le court-bouillon au vin blanc : mettez les légumes, le bouquet garni, le sel, le poivre et 3 litres d'eau dans la saumonière (ou le faitout). Portez à ébullition. Maintenez 30 minutes à petit bouillottement. Retirez du feu puis ajoutez le vin blanc. *Les éléments acides du vin ou du vinaigre nuisent à la cuisson des légumes et les empêchent de développer leurs arômes. Il faut donc les ajouter une fois la cuisson terminée.* Laissez refroidir.

Déposez le colin dans la saumonière contenant le court-bouillon froid. Le poisson doit être immergé complètement, sinon recouvrez le dessus du poisson d'un linge trempé dans le court-bouillon. Portez à frémissement – *le liquide ne doit en aucun cas bouillir* – et comptez de 15 à 18 minutes à partir du premier mouvement du bouillon. Vérifiez la cuisson. Soulevez la grille pour sortir le poisson.

À l'aide d'un couteau, retirez la peau et laissez refroidir à la température de la pièce. *Le colin se sert légèrement tiède, ainsi il restera moelleux.*

Avant le service, placez le poisson sur un plat entouré de laitue et d'œufs durs coupés en deux. Si le poisson est préparé la veille pour le lendemain ou le matin pour le soir, il faudra interrompre la cuisson 5 minutes avant son terme et le laisser refroidir dans le court-bouillon.
Montez une mayonnaise classique à laquelle vous incorporerez les herbes hachées et qui sera servie à part, dans un bol.

Suggestion

Vous pouvez accompagner ce poisson d'une salade de haricots verts ou d'une macédoine de légumes à la russe. Les légumes doivent être frais et assaisonnés de mayonnaise.

Nota bene

Les petits merluchons (200/300 g), appelés à tort colineaux, se font frire ou cuire meunière.

Nage de poisson

Pascal Obispo voulait du poisson, il en a eu de plusieurs variétés. La recette est très facile si vous avez un très bon poissonnier qui ne rechigne pas à lever les filets.

Ingrédients pour 6 personnes

3 litres de court-bouillon au vin blanc (voir p. 112)
3 filets de sole (1/2 par personne)
6 langoustines
6 coquilles Saint-Jacques
1 loup ou un bar ou un mulet de 1 kg – filets levés par le poissonnier
2 carottes
1 bulbe de fenouil
2 branches de céleri
2 poireaux
2 gousses d'ail
2 échalotes
1 clou de girofle
1 piment oiseau
1 branche de citronnelle fraîche
1/2 orange non traitée
3 brins de coriandre fraîche
Sel fin, poivre du moulin

Faites réduire de moitié le court-bouillon. Dans une mousseline, mettez le clou de girofle, le piment oiseau, la citronnelle, puis plongez-la dans le court-bouillon. Laissez réduire d'un tiers et filtrez. Ajoutez les carottes, le fenouil, les branches de céleri et les poireaux, les gousses d'ail, les échalotes, le zeste de la demi-orange, émincés finement, et la coriandre effeuillée. Faites cuire 5 minutes. Vérifiez l'assaisonnement. Ajoutez un peu de sucre si la nage présente un peu d'acidité.

Versez la nage dans une large sauteuse ou dans un plat à gratin. Maintenez à frémissement, ajoutez les filets des poissons. Après 4 minutes de cuisson, ajoutez les coquilles Saint-Jaques et les langoustines. Après 3 minutes, posez dans chaque assiette creuse chaude un morceau de filet, la langoustine et la coquille Saint-Jacques. Ajoutez le jus de l'orange à la nage, remuez, puis versez dans les assiettes. Servez.

Suggestions

La même recette peut être réalisée avec seulement les filets d'un beau maquereau de 250 à 300 g (2 filets par personne que le poissonnier aura à cœur de vous lever) ou des filets de rouget. Attention : les filets de maquereau et de rouget cuisent à la seule vue de la nage. Il est donc prudent de surveiller très attentivement la cuisson.

Court-bouillon classique au vin blanc

Ingrédients (pour 3 litres)

4 carottes coupées en rondelles très fines
3 oignons émincés
3 échalotes émincées très finement
3 poireaux coupés en fines lanières
1 petite branche de céleri
1 bouquet de persil
2 branches de thym
2 feuilles de laurier
1 bouteille de vin blanc sec
45 g ou 3 cuillerées à soupe pleines de gros sel
1 cuillerée à café de poivre en grains

Versez 3 litres d'eau dans la saumonière ou le faitout. Ajoutez les légumes et les aromates. Portez à ébullition et maintenez-la 30 minutes.

Ajoutez le vin blanc et laissez refroidir. Les éléments acides du vin ou du vinaigre nuisent à la cuisson des légumes et les empêchent de développer leurs arômes. Il faut donc les ajouter une fois la cuisson terminée.

Poêlée d'encornets aux légumes

Sheila a ses habitudes chez Goumard, anciennement maison Prunier. Le chef a bien du talent. Cette recette nous a régalés.

Ingrédients pour 4 personnes

6 pièces d'encornets de 300 à 500 g avec la tête (à faire nettoyer par votre poissonnier)
4 courgettes moyennes
40 tomates-cerises
1/2 botte de basilic
4 cuillerées à café d'olives noires dénoyautées
5 cl de vinaigre de vin rouge
1 cuillerée à café de piment d'Espelette
4 cuillerées à soupe d'huile d'olive extra vierge
16 pièces de ravioles de ricotta ou de fromage frais (chèvre)
Sel de Guérande, poivre du moulin

Taillez les encornets en carrés, puis quadrillez-les. Coupez les tomates-cerises en deux. Taillez les courgettes en quatre dans la longueur, puis émincez pour en obtenir des demi-lunes. Concassez les olives noires. Effeuillez le basilic, superposez et coupez les feuilles dans la largeur.

Faites cuire les ravioles dans l'eau bouillante de 1 à 3 minutes si vous utilisez des ravioles fraîches, sinon reportez-vous à l'emballage. Mettez dans une sauteuse 2 cuillerées à soupe d'huile d'olive et faites revenir 1 minute les tomates, puis ajoutez les courgettes. Faites cuire l'ensemble 1 minute et versez le vinaigre, puis le basilic, et retirez du feu.

Faites chauffer une poêle, ajoutez 2 cuillerées à soupe d'huile d'olive, assaisonnez au piment d'Espelette et faites cuire les encornets à feu vif quelques secondes (une fois roulés, ils sont cuits). Sortez les ravioles de l'eau, ajustez l'assaisonnement des tomates et des courgettes, puis mettez les encornets dans un plat. Dressez l'ensemble dans l'assiette.

Recette d'Olivier Guyon

Restaurant Goumard – 9, rue Duphot – 75001 Paris
Tél. : 01 42 60 36 07

Sole meunière

Aucune surprise dans les choix de Jean-Pierre Elkabbach, la sole meunière est son plat quotidien, à ce qu'il dit. Quand Elkabbach veut quelque chose, on exécute...

Ingrédients pour 4 personnes

4 soles de 200 g environ
160 g de beurre
1 citron
Sel fin, poivre du moulin

Salez et poivrez les soles de chaque côté. Dans une poêle, faites fondre 50 g de beurre ; lorsqu'il grésille, déposez 2 soles, faites dorer sur la première face, le côté blanc d'abord. Réduisez la puissance du feu, soulevez les poissons avec une ou deux spatules. Réhumectez au pinceau de cuisine l'ensemble de la poêle de matière grasse pour éviter que le poisson n'attache. Retournez délicatement les poissons.

Après 3 à 4 minutes sur chaque face, posez les poissons dans un plat de service chaud. Procédez de la même manière pour les deux autres soles.

Ajoutez 60 g de beurre dans la poêle, laissez fondre et chauffer. Ajoutez le jus d'un demi-citron pour faire mousser, puis versez sur les soles.

Servez immédiatement.

Soupe simple de poisson

Recette pour un invité qui n'a pas d'idée, mais qui veut se régaler.

Ingrédients pour 6 personnes

Parures de poissons (arêtes et têtes de soles, loups, turbots, colins, merlans et lottes) à demander à votre poissonnier
1 bouteille de vin blanc sec
3 gousses d'ail
2 échalotes
2 oignons
2 carottes
1 poireau
1 branche de céleri
100 g de champignons de Paris
1 bouquet de persil
1 feuille de laurier
1 branche de thym
1 pincée de sucre en poudre
1/2 citron
Sel fin, poivre du moulin

Dans une grande casserole, mettez les gousses d'ail écrasées, les échalotes et les oignons émincés, les carottes, le poireau, le céleri coupés en petits dés très fin et les champignons émincés. Faites suer quelques minutes.

Ajoutez les parures de poissons, têtes et arêtes cassées en deux ou trois morceaux, préalablement passées sous l'eau froide jusqu'à ce que l'eau soit claire. Mélangez le tout et mouillez avec le vin blanc et 1,5 litre d'eau. Portez à bouillottement durant 30 minutes, en écumant régulièrement.

Passez au chinois. Remettez sur le feu, en assaisonnant de poivre au moulin, sel, sucre, jus d'un demi-citron, persil, thym, laurier. Laissez réduire de moitié et passez au travers d'un linge fin ou d'une passoire fine. Vous pouvez ajouter de la crème, ou non.

Servez avec des croûtons.

Terrine de merlan

Une recette toute simple, facile à mettre en œuvre, avec des produits courants, réalisée pour Charlotte de Turckheim. Idéale pour les pique-niques et les tablées amicales en été. Peut être servie également avec un coulis de tomates bien frais (voir recette p. 68).

Ingrédients pour 6 personnes

600 g de filets de merlan sans peau ni arête
250 g de congre sans peau ni arête
100 g de beurre à température ambiante
3 œufs entiers
500 g de crème fraîche
200 g de carottes
100 g de petits pois frais ou surgelés
200 g de champignons de Paris
Un peu d'huile
10 g de sel fin
5 ou 6 tours de moulin à poivre

Gardez 400 g de filets entiers et coupez le reste du poisson (merlan + congre) en gros dés. Passez au mixeur, puis ajoutez le beurre, les œufs, la crème, le sel et le poivre, et mixez à nouveau le tout. Gardez la farce au frais.

Faites cuire les carottes ainsi que les petits pois dans de l'eau salée. Faites revenir les champignons émincés avec une noix de beurre et une goutte d'huile. Coupez les carottes, bien égouttées, en petits dés et mélangez les trois légumes avec la farce.

Habillez une terrine rectangulaire d'une feuille de papier sulfurisé. Étalez un peu de farce dans le fond de la terrine. Posez une couche de filets de merlan, légèrement salés et poivrés. Superposez les couches jusqu'à remplir votre terrine, sachant que c'est la farce qui terminera le remplissage. Mettez au four à 180 °C (th. 6) pour 1 heure et demie.

Cette terrine peut se manger froide avec une mayonnaise allégée d'un blanc d'œuf et rehaussée d'un assortiment de fines herbes.

Les plats

Alicuit

Jean-Louis Borloo, élu de Valenciennes, n'a pas manifesté de désir pressant pour un plat de sa région élective. Cet alicuit peut n'être qu'un potage un peu consistant ou un plat de résistance, selon le nombre d'ailerons de poulet que l'on jugera bon d'ajouter.

Ingrédients pour 6 personnes

20 ailerons de poulet
5 carottes
2 navets
2 gousses d'ail
2 oignons
2 cuillerées à soupe de graisse d'oie
1 cuillerée à soupe de farine
15 cl de vin blanc
75 cl de bouillon de volaille
2 tomates
1 bouquet garni
Sel fin, poivre du moulin

Épluchez les légumes et coupez-les en petits morceaux, puis hachez l'ail et l'oignon.

Dans une cocotte, mettez la graisse d'oie et faites revenir les ailerons de poulet, les carottes, les navets, l'ail et l'oignon. Lorsque le tout est bien doré, saupoudrez de farine et mélangez. Ajoutez le vin blanc, le bouillon, les tomates et le bouquet garni. Salez et poivrez. Couvrez et laissez mijoter doucement pendant 1 heure.

Servez chaud.

Andouillette

Aucune malice de ma part, c'est bien Jean-François Coppé qui a choisi l'andouillette, plat tripier par excellence, régal des amateurs. La seule difficulté qu'elle présente consiste à la faire cuire convenablement.

Ingrédients pour 4 personnes

4 andouillettes
1 noix de beurre

Piquez les andouillettes, mettez une noix de beurre dans une poêle à feu moyen, déposez les andouillettes, couvrez.

Retournez 5 minutes plus tard, couvrez, puis 5 minutes après, découvrez, augmentez le feu jusqu'à vif, faites dorer les andouillettes sur les deux faces et servez.

Nota bene

L'andouillette est un produit délicat qui ne supporte pas d'être agressé par un gril trop chaud qui risque de la percer, de l'ouvrir et ainsi de nuire à son esthétique. On oublie souvent que l'andouillette ne se cuit pas, elle se réchauffe.

Aubergines farcies

Cette recette complète celles des courgettes farcies (voir p. 160) et des poivrons farcis (voir p. 210).

Ingrédients pour 4 personnes

4 aubergines
4 cuillerées à soupe d'huile d'olive extra vierge
3 filets d'anchois à l'huile
1 petite poignée de mie de pain trempée dans 1 cuillerée à soupe de lait
2 gousses d'ail
1 jaune d'œuf
Sel fin, poivre du moulin

Supprimez la tige et les parties piquantes des aubergines. Lavez-les et essuyez-les.

Faites chauffer l'huile à feu moyen-doux dans deux grandes poêles. Alignez les moitiés d'aubergine côté chair et faites dorer. Retirez-les de la poêle avec une écumoire et posez-les côté peau sur la planche. Réservez l'huile.

Hachez très menus les filets d'anchois et les gousses d'ail dans une terrine. Écrasez la mie de pain. Battez le jaune d'œuf, puis ajoutez-les à l'ail et aux anchois.

Préchauffez le four à 180 °C (th. 6).

À l'aide d'une petite cuillère, récupérez la chair des aubergines et écrasez-la grossièrement avec une fourchette avant de bien la mélanger au hachis d'anchois. Dans la poêle de cuisson des aubergines, faites revenir cette farce pendant quelques minutes. Salez, poivrez. Remplissez les moitiés d'aubergine de cette farce et rangez-les, les unes à côté des autres, dans un plat à gratin. Saupoudrez de chapelure et arrosez les aubergines de l'huile de cuisson restant de l'autre poêle.

Mettez au four pendant 20 à 30 minutes.

Servez tel quel, dans le plat de cuisson.

Bigos

Roman Polanski est l'immense metteur en scène que tout le monde connaît. Ce plat typique de son enfance en Pologne ne présente aucune difficulté, sinon de trouver des kabanos. C'est une spécialité charcutière polonaise que l'on peut se procurer aux deux adresses indiquées ci-dessous. Le bigos est l'archétype de la cuisine traditionnelle polonaise populaire.

À commencer l'avant-veille

Ingrédients pour 8 personnes

50 g de champignons séchés
1 kg de choucroute crue
250 g de porc dans l'échine ou dans les côtes désossées
250 g de mouton dans l'épaule
250 g de veau dans l'épaule
300 g de bœuf dans le plat de côte dégraissé, ou dans la joue dénervée
200 g de kabanos (saucisson, spécialité polonaise)
1 tranche de poitrine de porc fumée
1 tranche de bacon
1 gros oignon
1 pomme à chair ferme
200 g de pruneaux d'Agen
1 cuillerée à café de noix de muscade
2 cuillerées à soupe de saindoux
2 feuilles de laurier concassées
20 baies de genièvre
15 grains de poivre

L'avant-veille, mettez les champignons à tremper.

La veille, rincez la choucroute abondamment avant de l'égoutter.

Dans une grande cocotte, faites revenir l'oignon haché dans le saindoux. Ajoutez les champignons égouttés (réservez l'eau de trempage) et les épices. Coupez les viandes en morceaux. Faites revenir les viandes (simplement leur faire prendre un peu de couleur). Ajoutez le jus des champignons, la choucroute, la pomme coupée en dés et les pruneaux. Ajoutez les grains de poivre. Mélangez soigneusement afin que tous les éléments s'imprègnent des aromates. Couvrez et laissez cuire 1 h 30, en remuant soigneusement toutes les 15 minutes pour éviter que le bigos n'attache au fond de la cocotte (c'est tout à fait son genre).

Le lendemain, remettez le bigos sur un feu moyen pour faire repartir la cuisson, puis maintenez à petit feu pendant 1 h 30, en remuant régulièrement, comme la veille.

Le surlendemain, coupez les kabanos (saucisse très fine disponible chez tous les comestibles polonais) en morceaux de 1,5 à 2 cm de long. Ajoutez au bigos et faites cuire à nouveau 1 h 30 en remuant régulièrement. Rien n'empêche que vous fassiez cuire le bigos un quatrième jour. La règle est simple : plus on fait recuire le bigos, meilleur il est !

Épicerie polonaise Petrus

Alimentation générale de produits polonais – 9, rue Chevreul – 75011 Paris
Tél. : 01 43 67 16 92

Marché semi-nocturne de la ville du Mans

M. Paul Ostrowsky – rue du Docteur-Leroy. Tél. : 02 85 85 50 27
Tous les jeudis de 16 heures à 20 heures

Ma blanquette de veau

Avant de disparaître, Jean-Pierre Cassel nous avait fait l'honneur de participer à l'émission. Quelques années plus tard, Karin Viard, formidable comédienne, généreuse et drôle, a choisi la même recette que son aîné. J'ai encore en mémoire l'enthousiasme avec lequel ils se resservaient pendant l'émission.

Ingrédients pour 4 personnes

800 g de veau moitié épaule, moitié tendron
1 crosse de veau
2 oignons
3 tomates pelées et épépinées
1 branche de thym
1 feuille de laurier
2 cuillerées à soupe de beurre
1 cuillerée à soupe de farine
50 cl de bouillon de bœuf ou de volaille
2 jaunes d'œufs
125 g de crème fraîche épaisse
1 poignée de persil simple ou double
1/2 citron
1 cuillerée à café de sel fin
4 tours de moulin à poivre

Dans une cocotte, faites roussir le beurre et revenir – bien dorés – les morceaux de veau.
Dans ma blanquette, j'adopte le principe « concentration, extraction », semblable à celui que je pratique pour le pot-au-feu. Je fais revenir les viandes pour concentrer leurs saveurs. Je laisse à l'os le soin de parfumer le bouillon avec l'aide des aromates et des légumes.

Éliminez le beurre de cuisson. Saupoudrez d'une bonne cuillerée à soupe de farine, remuez et faites dorer la farine. Ajoutez les oignons entiers, les tomates coupées en quatre, le thym, le laurier, le persil (entier) et le bouillon. Laissez cuire à tout petit bouillottement pendant 1 h 30. Retirez thym, laurier et persil.

Dans un bol, mélangez les jaunes d'œufs, la crème et le jus du demi-citron avec 1 louche du bouillon de cuisson.
Il est préférable de monter lentement la température de la liaison jaunes d'œufs/crème plutôt que de verser directement cette liaison dans le bouillon bouillant, cela évite aux jaunes d'œufs de cuire.

Versez cette dernière préparation dans la cocotte, mélangez bien, laissez venir à bouillottement. Assaisonnez.

Servez dans un plat chaud accompagné de riz ou de pommes vapeur.

Bœuf aux carottes

Didier Barbelivien est le premier de nos invités qui a souhaité un bœuf aux carottes. Ce gourmet très averti tenait absolument au paleron. Pièce de bœuf coûteuse mais savoureuse. Il voulait boire absolument un côte-rôtie. Nous avons été obligés de cacher la bouteille pour ne pas enfreindre les règlements du CSA... Rachida Dati n'avait aucune idée de ce qu'elle voulait manger, sinon des côtes d'agneau que je trouvais personnellement un peu simplettes... Elle a tellement tergiversé que la veille du tournage elle n'avait rien décidé. Nous lui avons imposé le même bœuf aux carottes que Didier Barbelivien ; le sujet était tourné et mes allusions aux policiers lui ont déplu. Je ne vois pas matière à déshonneur à désobéir au diktat d'un ministre. J'ai refait ce même bœuf aux carottes pour Olivier Marchal quand il est venu présenter son film Le Gang des Lyonnais. *Les comédiens même anciens « flics » ont quelquefois plus d'humour que les ministres en place... Il a apprécié, surtout que je l'avais réalisé avec des joues de bœuf, morceaux rois pour ce type de plat.*

Ingrédients pour 6 personnes

1,5 kg de bœuf dans le paleron
Quelques os de veau (idéalement une crosse)
1 pied de veau coupé en deux dans le sens de la longueur
3 cuillerées à soupe de beurre ou d'huile
2 kg de carottes coupées en rondelles fines
3 beaux oignons émincés
20 g de sucre
2 gousses d'ail écrasées
1 dizaine d'échalotes grises
1 litre de consommé de bœuf (celui du commerce convient très bien)
1 bouquet garni avec 1/2 feuille de laurier seulement
Quelques branches de persil plat
Sel fin, poivre du moulin

Dans une poêle, faites chauffer le beurre ou l'huile – ou, mieux, moitié beurre, moitié huile. Faites revenir le bœuf. L'extérieur doit être bien « croûté ».

Mélangez les carottes en rondelles, les oignons émincés, une cuillerée à soupe de sel fin, quelques dizaines de tours de moulin à poivre et le sucre.

Couvrez le fond d'une cocotte ou d'un plat à baeckeoffe d'une couche de carottes et d'oignons, déposez la viande, puis le pied de veau, les os, le bouquet garni, l'ail et les échalotes. Couvrez avec le restant des carottes. Ajoutez 1/2 litre de bouillon (conservez l'autre moitié au cas où, à mi-cuisson, le fond du plat attacherait). Couvrez. Mettez au four à 180 °C (th. 4/5), pendant 2 h 30.

À mi-cuisson, mettez les carottes du dessous au-dessus et retournez la viande. En fin de cuisson, faites réduire le jus restant jusqu'à consistance sirupeuse.

Tranchez la viande un peu épaisse, et pour finir, saupoudrez de persil grossièrement haché. Servez.

Bœuf bourguignon

À plusieurs années d'intervalle, nous avons reçu deux grands acteurs, Omar Sharif et Richard Anconina. L'un et l'autre ont porté leur choix sur le même plat. Ils se sont fait plaisir à le déguster, et moi à le préparer.

À commencer la veille

Ingrédients pour 6 personnes

1 kg de paleron ou joue de bœuf (en morceaux de 40 à 50 g environ)
500 g de gîte à la noix (en morceaux de 40 à 50 g environ)
1 carotte
1 oignon blanc
1,5 branche de céleri
1 belle échalote
75 cl de vin rouge (tannique)
3 cuillerées à soupe d'huile d'olive extra vierge
100 g de lard maigre demi-sel
10 petits oignons grelots
2 cuillerées à soupe de beurre
1 rasade de cognac
1/2 litre de bouillon de bœuf du commerce
2 gousses d'ail
1 cuillerée à soupe rase de concentré de tomates
1 bouquet garni
4 carrés de chocolat
Sel fin, poivre du moulin

La veille, assaisonnez légèrement la viande de sel et de poivre et déposez-la dans un saladier. Ajoutez, préalablement hachés au mixeur, carotte, oignon, céleri, échalote. Recouvrez avec le vin et 1 cuillerée à soupe d'huile d'olive. Laissez mariner à couvert tel quel, au réfrigérateur, toute une nuit.

Le lendemain, égouttez et réservez la marinade. Une heure avant de cuire le bourguignon, coupez le lard en petits dés, mettez-les dans une casserole à l'eau froide, portez sur le feu et comptez 1 minute d'ébullition, égouttez. Épluchez les petits oignons. Faites chauffer dans une cocotte 2 cuillerées à soupe d'huile d'olive et le beurre. Faites dorer 7 à 8 minutes les lardons et les petits oignons. Retirez-les avec une écumoire. Réservez sur une assiette. Dans la même cocotte, mettez et laissez dorer la viande environ 10 minutes jusqu'à évaporation complète du jus. À feu vif, flambez avec le cognac, puis versez le vin de la marinade. Laissez réduire de moitié. Ajoutez le bouillon et les légumes de la marinade, les gousses d'ail épluchées et écrasées, le concentré de tomates, le bouquet garni. Faites cuire environ 2 heures, jusqu'à ce que la viande soit tendre. Ajoutez les petits oignons et les lardons.

Égouttez l'ensemble dans une passoire au-dessus d'un récipient. Remettez à bouillir, faites un peu réduire. Incorporez le chocolat pour lier la sauce.
Remettez le contenu de la passoire dans la sauce ainsi liée. Rectifiez l'assaisonnement. Le bourguignon est prêt.

Bouchées à la reine

Michèle Bernier est une comédienne très efficace. Son père, le professeur Choron, savait se tenir à table. Elle a de qui tenir ! Elle a choisi un plat de grande tradition.

Ingrédients pour 6 personnes

6 fonds à bouchées achetés chez le pâtissier
2 cervelles de veau
2 blancs de volaille
3 quenelles de volaille
1 cuillerée à soupe de vinaigre blanc
1/2 litre de bouillon de volaille ou de bœuf
300 g de champignons de Paris
2 cuillerées à soupe d'huile
30 g de beurre
Thym, laurier
Sel fin, poivre du moulin

Pour la béchamel

50 cl de lait
3 jaunes d'œufs + 1 œuf entier
50 g de beurre
50 g de farine
1/2 cuillerée à café de sel fin
1 pincée de noix de muscade râpée
1 cuillerée à soupe de crème fraîche
Sel fin, poivre du moulin

Faites dégorger les cervelles et débarrassez-les de leurs petits filaments ainsi que du sang coagulé. Mettez à cuire 4 minutes dans une casserole avec de l'eau additionnée d'une cuillerée à soupe de vinaigre blanc, sel, poivre, thym, laurier et d'un bouillon de volaille. Sortez les cervelles, égouttez-les et séchez-les sur un torchon. Coupez en petits morceaux les blancs de volaille, puis faites-les cuire dans la même préparation pendant 10 minutes.

Lavez, essuyez, émincez les champignons et mettez-les dans une poêle bien chaude avec 2 cuillerées à soupe d'huile, 30 g de beurre, salez, poivrez, et laissez cuire quelques minutes.

Préparez la béchamel. Mettez dans une casserole le lait, les jaunes d'œufs, le beurre et la farine. Salez, poivrez, et parsemez de noix de muscade. Chauffez sur feu moyen, sans cesser de remuer avec un fouet jusqu'à ébullition. Rectifiez l'assaisonnement. Enrichissez la préparation avec la crème et l'œuf entier mélangés.

Allumez le four à 120 °C (th. 4) et placez vos fonds à bouchées pour les réchauffer.

Mélangez les blancs de poulet, les cervelles coupées en petits morceaux, les quenelles de volaille détaillées et les champignons à la béchamel. Rectifiez l'assaisonnement, puis remplissez vos bouchées. Servez chaud.

Boulettes au citron (*Keftedhakia lemonata*)

Le premier nom qui vient à l'esprit quand on pense gentillesse est sans conteste Nana Mouskouri. Disponible, aimable, souriante, chaleureuse... lui préparer un plat de son pays d'origine natale – la Grèce – lui procure un immense plaisir. Pourquoi ne pas le lui offrir...

Ingrédients pour 4 personnes

400 g de bœuf ou d'agneau haché
1 oignon
100 g de riz rond
4 cuillerées à soupe d'huile d'olive extra vierge
1 œuf entier
Quelques brins de persil ou de menthe
6 cuillerées à soupe de farine
50 cl de bouillon de bœuf
Sel fin, poivre du moulin

Pour la sauce

2 œufs entiers
1 citron
30 g de beurre

Mélangez dans un grand bol la viande, l'oignon haché, le riz rincé et égoutté, l'huile d'olive, l'œuf, les feuilles de menthe ou de persil hachées, le sel et le poivre. Pétrissez longuement, puis formez des boulettes de la grosseur d'une noix. Roulez les boulettes dans la farine.

Portez à ébullition le bouillon dans une grande casserole. Faites pocher les boulettes dans le bouillon à peine frémissant. Faites cuire à tout petit feu pendant 30 minutes.

Juste avant de servir, préparez la sauce. Battez les œufs à la fourchette comme pour une omelette. Ajoutez le jus du citron, goutte à goutte, en fouettant sans arrêt. Ajoutez le beurre ramolli, puis versez une louche de bouillon bouillant dans le mélange aux œufs en fouettant toujours.

Retirez les boulettes à l'écumoire et mettez-les dans un plat creux. Maintenez au chaud. Reversez le mélange aux œufs et au bouillon chaud dans la casserole. Retirez du feu avant d'atteindre le point d'ébullition, pour éviter la coagulation des œufs. Servez les boulettes arrosées de sauce et accompagnées d'un riz nature ou d'un riz au vermicelle (voir recette p. 86).

Cailles farcies au vert de blettes, côtes au jus

Patrick Bruel venait de découvrir un restaurant, Le Pantruche. Il a souhaité que le chef de cet établissement nous prépare une caille farcie dont il s'était régalé quelques jours auparavant. Comment le lui refuser ? C'était délicieux, le restaurant est éminemment sympathique et les deux propriétaires sont très accueillants et professionnels.

Ingrédients pour 8 personnes

8 cailles en crapaudine
24 oignons nouveaux
3 pieds de blettes
3 gousses d'ail
150 g de beurre
50 cl de bouillon de volaille
1 cuillerée à soupe d'huile d'arachide
3 bottes de ciboulette
Sel fin, poivre du moulin

Préparez les blettes. Coupez le pied à son extrémité, séparez le vert des côtes et lavez le tout séparément.

Préparez la farce. Émincez et faites suer au beurre 12 oignons nouveaux. Ajoutez une gousse d'ail hachée, puis le vert de blettes également émincé, assaisonnez et laissez compoter une dizaine de minutes.

Préparez les cailles. Farcissez les cailles avec une grosse boule de farce, et refermez-les en repliant les filets et les cuisses. Roulez-les dans du papier film comme une ballottine, et nouez chaque extrémité. Plongez-les dans une casserole d'eau frémissante, coupez immédiatement le gaz, et laissez les cailles cuire 10 minutes.

Poursuivez la préparation des blettes, épluchez et émincez les côtes de blettes. Émincez les 12 oignons nouveaux restants, faites-les suer avec une noix de beurre, ajoutez les blettes et mouillez à mi-hauteur de jus de volaille. Arrêtez la cuisson lorsqu'elles sont fondantes.

Défilmez les cailles et faites-les dorer de chaque côté dans la poêle avec une cuillerée à soupe d'huile d'arachide et une noix de beurre. Ajoutez au dernier moment la ciboulette ciselée dans les blettes.

Déposez au fond de chaque assiette un lit de blettes, puis posez et dressez dessus une caille farcie. Arrosez de jus et assaisonnez d'un tour de moulin. Servez.

Recette du restaurant Le Pantruche

3, rue Victor-Massé – 75009 Paris
Tél. : 01 48 78 55 60

Cappelletti au ragoût de lapin

Guy Bedos est très éclectique dans ses choix culinaires. À chaque visite chez Michel Drucker, il propose spontanément une nouvelle recette. Il fait partie des invités qui s'investissent dans la totalité de l'émission et pas seulement dans la promotion. Quand un invité propose une recette italienne, je m'adresse toujours à Vittorio Beltramelli, le chef du Nolita ; il est précis, passionné, modeste et pédagogue.

Ingrédients pour 6 personnes

560 g de cappelletti (ou autres pâtes sèches)
1 lapin entier de 1,2 à 1,5 kg
100 g de carottes
100 g d'oignons blancs
100 g de céleri branche
100 g de lard de Colonnata
20 cl d'huile d'olive extra vierge
50 g de beurre
1 branche de romarin
Sel fin, poivre du moulin

Désossez le lapin, coupez en petits cubes les cuisses et les épaules. Conservez le foie et les rognons. Coupez les râbles par la moitié dans la longueur, désossez-les, puis farcissez-les de lard de Colonnata et ficelez comme un rôti.

Dans une casserole, préparez un court-bouillon parfumé au romarin avec les os du lapin, recouverts d'eau. Faites cuire à feu moyen pendant 20 minutes.

Épluchez les carottes, les oignons et le céleri, puis découpez en brunoise (tout petits cubes). Dans une cocotte, faites chauffer 10 cl d'huile, ajoutez les légumes, les cubes de lapin, puis versez une louche de court-bouillon. Salez, poivrez. Laissez bouillotter à feu moyen pendant 15 minutes à couvert.

Pendant ce temps, dans une casserole, faites bouillir de l'eau salée, puis jetez les pâtes et laissez cuire 8 à 9 minutes, *al dente* (suivez les recommandations indiquées sur l'emballage). Égouttez.

Dans une poêle chaude, faites fondre le beurre et faites cuire les 2 rôtis pendant 7 à 8 minutes, en les tournant régulièrement. Cinq minutes avant la fin de cuisson, ajoutez les râbles, le foie et les rognons, en les retournant également régulièrement. Gardez au chaud.

Versez les pâtes dans le ragoût de lapin. Ajoutez 10 cl d'huile d'olive, puis servez accompagné du foie, des rognons et des râbles farcis tranchés en médaillons.

Recette du chef Vittorio Beltramelli

Restaurant Le Nolita – 2, rond-point des Champs-Élysées – 75008 Paris
Tél. : 01 53 75 78 78

Carbonade flamande

Martine Aubry est très drôle ; ce n'est peut-être pas l'image qu'elle donne à travers ses fonctions, mais dans la vie privée elle est accueillante, généreuse, passionnée par sa ville. Nous avons beaucoup ri en faisant le marché et en cuisinant. Les politiques manifestent quelquefois le désir de cuisiner pour donner à leur image un aspect plus convivial ; elle cuisine vraiment et ne boude pas une bonne bière du Nord.

Ingrédients pour 8 personnes

1,5 kg de bœuf (dans le paleron, coupé en larges tranches de 5 à 6 mm d'épaisseur, de préférence perpendiculairement aux fibres)
50 g de saindoux
400 g d'oignons
1 bonne cuillerée à soupe de cassonade
1 cuillerée à soupe de vinaigre de vin
1 bouquet garni (2 branches de thym, 1 feuille de laurier)
50 cl de bière blonde (voire plus selon la taille du récipient)
2 cuillerées à soupe de moutarde blanche forte
1 large tranche de pain d'épices
Sel fin, poivre du moulin

Dans une cocotte, sur feu moyen, mettez la moitié du saindoux, saisissez aller et retour les tranches de viande, retirez-les, videz la matière grasse.

Remettez la cocotte sur feu doux, avec le reste de saindoux, faites fondre les oignons finement émincés, en couvrant et en remuant de temps en temps, environ 10 à 12 minutes. Ajoutez la cassonade et le vinaigre, remuez 2 à 3 minutes, puis retirez avec l'écumoire.

Préchauffez le four à 150 °C (th. 5).

Disposez dans la cocotte, en couches alternées, des oignons et des tranches de viande, en plaçant le bouquet au centre. À épuisement des ingrédients, arrosez avec le jus qu'elles ont rendu pendant qu'elles étaient en attente, puis peu à peu avec de la bière, laquelle doit arriver à hauteur (au besoin en prévoir davantage). Salez et poivrez.

Tartinez de moutarde, sur les deux faces, la tranche de pain d'épices, posez-la sur le contenu de la cocotte. Couvrez hermétiquement. Introduisez la cocotte dans le four et laissez cuire 3 heures.

Nota bene

Aujourd'hui on ajoute souvent au nom un second « n », qu'il ne possédait pas dans le passé. Mais comme autrefois, la carbonade – loin d'être une grillade, comme ce nom pourrait le laisser supposer – est un plat de longue cuisson, avec l'alliance chère aux Flamands, celle du sucré et du salé. Pour la réussir, il faut savoir choisir la viande de bœuf, ni un morceau trop noble qui séchera, ni un morceau de troisième catégorie qui ne pourra s'attendrir. Sont recommandés : les basses-côtes, la tranche, le paleron, voire, pour les amateurs de fibres longues, la hampe ou la bavette d'aloyau.

Cari poulet

Il y a quelquefois peu de rapport entre l'image que donne un invité et ses choix gastronomiques. Ma surprise fut grande quand Mathilde Seignier me demanda un cari poulet, spécialité réunionnaise. J'avais souvent goûté cela lors de mes voyages à la Réunion ; il n'y a aucune difficulté à le réaliser.

Ingrédients pour 6 personnes

1,5 kg de poulet en morceaux
2 gros oignons
6 gousses d'ail
2 clous de girofle
2 pincées de quatre-épices
1 branche de thym
4 petites tomates ou une boîte de tomates pelées épépinées
15 cl d'huile
1 cuillerée à café de curcuma
1 pincée de noix de muscade
Sel fin, poivre en grains

Épluchez et émincez les oignons.

Pilez l'ail avec les clous de girofle, le sel, les grains de poivre, le quatre-épices et le thym. Pelez, épépinez et coupez les tomates en petits dés.

Dans une cocotte, faites chauffer l'huile et laissez dorer les morceaux de poulet. Ajoutez l'oignon, le mélange d'épices avec l'ail, le curcuma, la muscade, puis les tomates. Mélangez bien et mouillez avec 2 ou 3 verres d'eau.

Couvrez la cocotte aux trois quarts et laissez mijoter à feu moyen pendant 40 minutes, jusqu'à évaporation de l'eau. Servez bien chaud.

Suggestion

Ce plat traditionnel réunionnais se sert avec du riz.

Cassoulet

Avec Alain Chabat, nous avons essuyé ensemble nos fonds de culottes à Canal +, nous nous connaissions et je savais, en choisissant le cassoulet, qu'il avait forcément derrière la tête l'idée d'évoquer la carrière d'un célèbre artiste de music-hall : le pétomane.

À commencer la veille

Ingrédients pour 6 personnes

1 jambonneau demi-sel de 800 g
150 g de couenne
1 oignon blanc
2 clous de girofle
1 bouquet garni : thym, laurier, queues de persil et vert de poireau
1 kg de haricots blancs
2 cuillerées à soupe de graisse d'oie
6 morceaux d'épaule d'agneau d'environ 90 g chacun
2 gros oignons blancs
5 gousses d'ail
6 saucisses de Toulouse
2 cuisses d'oie confites avec la graisse
150 g de chapelure
Sel fin, poivre du moulin

La veille, mettez le jambonneau dans un faitout d'eau froide avec la couenne et portez à ébullition, maintenez une dizaine de minutes. Ajoutez un grand verre d'eau fraîche. Écumez. Ajoutez l'oignon piqué de clous de girofle et le bouquet garni. Comptez 2 heures de cuisson à frémissement. Laissez refroidir dans la cuisson. Retirez le bouquet garni et l'oignon. Filtrez le jus dans une passoire fine. Réservez couenne et jambonneau.

Le lendemain, rincez les haricots à l'eau froide et mettez-les dans une casserole avec le jus filtré. Laissez cuire à frémissement 1 h 30.

Avec une cuillerée à soupe de graisse d'oie, faites revenir sur chaque face, à la poêle, les morceaux d'agneau, puis laissez cuire environ 15 minutes. Rangez-les dans une cocotte ou dans une terrine en terre. Faites cuire doucement les oignons émincés dans la graisse de cuisson de l'agneau. Ajoutez l'oignon à la terrine ainsi que la couenne du jambonneau cuit, coupée en petits morceaux de 2 cm, les gousses d'ail épluchées et les haricots avec les 2/3 de leur jus de cuisson. Couvrez et mettez à four doux, 180 °C (th. 6), pour 1 heure.

Faites dorer à la poêle avec une cuillerée de graisse d'oie les saucisses de Toulouse, puis ajoutez le jambonneau cuit la veille et les cuisses confites à la terrine dans le four. Saupoudrez de chapelure et remettez au four la cocotte ou la terrine 30 minutes, à découvert.

Servez en l'état sur la table.

Cervelas lyonnais pistaché, sauce au vin rouge

Laurent Gerra – peu de gens le savent – est aussi vigneron et a une passion pour les grands plats traditionnels de la Bresse et du Lyonnais. Le cervelas pistaché sauce au vin rouge est le plat traditionnel des vendangeurs du Beaujolais, et quand l'humoriste vient sur le plateau, c'est toujours une fête qui se poursuit avec les techniciens dans les coulisses.

Ingrédients pour 8 personnes

1 ou 2 cervelas lyonnais pistaché (selon la taille)
1 kg de poitrine de porc demi-sel (découpée en trois ou quatre bandes)
2 bouteilles de vin rouge tannique
4 échalotes
6 branches de persil
2 branches de thym
2 feuilles de laurier
2 cuillerées à soupe rase de farine
160 g de beurre
2 cuillerées à café de sel
8 tours de moulin à poivre

Sortez le beurre du réfrigérateur.

Dans une cocotte, mettez 20 g de beurre, les échalotes épluchées et finement hachées, le thym et le laurier. Laissez étuver pendant une dizaine de minutes. Ajoutez le persil, le vin, la poitrine de porc, le ou les saucissons et portez à ébullition.

Mélangez intimement les 2 cuillerées à soupe de farine et les 140 g de beurre maintenant ramolli.

De 30 à 35 minutes plus tard, retirez le ou les saucissons et laissez réduire à découvert le vin sur la poitrine. Retirez le lard, maintenez au chaud. Laissez encore réduire de moitié, puis passez la cuisson au chinois.

Dans un bol, délayez le mélange beurre-farine avec une première cuillerée à soupe de vin, puis une seconde si nécessaire. Versez cette préparation onctueuse dans le vin rouge bouillant et laissez mijoter très doucement jusqu'à épaississement. Vérifiez l'assaisonnement, ajoutez éventuellement 1 ou 2 morceaux de sucre et 2 carrés de chocolat noir à cuire.

Tranchez le lard et le cervelas, dressez sur assiette avec 2 ou 3 pommes de terre vapeur entières. Servez la sauce bien chaude à part.

Chili con patto

Alain Chabat venait présenter son film Sur la piste du Marsupilami *; le jeu consistait à préparer un plat en rapport avec un personnage du film qu'on ne voit pas mais dont on parle, le Patto. Comme ce film se déroulait en Amazonie, j'ai adapté un chili con carne, recette traditionnelle de la région, avec un animal familier de notre univers gastronomique : le canard. Ce qui a donné un chili con patto, plutôt qu'un chili con carne.*

À commencer la veille

Ingrédients pour 4 personnes

500 g de haricots noirs (trempés pendant une nuit)
1 cuillerée à café de poivre noir
1 tasse d'huile d'olive extra vierge
2 piments forts, hachés
1 oignon rouge, haché
2 branches de céleri, hachées
1 poivron rouge, haché
1 blanc de poireau, haché
2 gousses d'ail, hachées
2 cuillerées à soupe d'origan séché
1 tasse de farine de maïs
1 cuillerée à café de poivre de Cayenne moulu
1 cuillerée à café de cumin moulu
2 cuillerées à soupe de coriandre moulue
1 cuillerée à café de sucre
1 litre de bouillon de volaille
1 boîte de maïs de taille moyenne
300 g de canard cuit, coupé en cubes
Coriandre ou persil frais, haché (garniture)
Sel, poivre du moulin

La veille, faites tremper les haricots dans de l'eau.

Le jour même, mettez les haricots noirs, 2,5 litres d'eau et le poivre dans une grande casserole et amenez à ébullition. Réduisez le feu et laissez mijoter à feu doux pendant 1 heure.

Égouttez les haricots dans une passoire. Réservez. Dans la même casserole, faites chauffer l'huile à feu moyen et faites revenir les piments, l'oignon, le céleri, le poivron rouge, le poireau, l'ail et l'origan, de 5 à 8 minutes, en remuant, puis ajoutez la farine de maïs, le poivre de Cayenne, le cumin, la coriandre et le sucre. Assaisonnez et laissez mijoter pendant 5 minutes. Puis incorporez le bouillon de volaille, le maïs, les haricots et le canard en cubes. Laissez mijoter à feu doux pendant 15 minutes en remuant.

Servez dans des assiettes creuses et garnissez de coriandre ou de persil frais.

Chou farci

Il me semblait impensable qu'un élu de Corrèze puisse ne pas apprécier le chou farci. Lorsque nous avons reçu François Hollande, qui n'avait pas encore accédé aux plus hautes fonctions, j'étais tellement certain de lui faire plaisir qu'imprudemment je n'ai pas pris la peine de lui téléphoner pour lui demander son avis... Surprise et déshonneur, il n'aime pas le chou farci. Nous avons beaucoup ri de cette bévue. Je livre ce détail de l'histoire au chef de l'Élysée, qui pourrait ainsi s'éviter une gaffe... Nonobstant l'homme est drôle, sympathique et généreux.

Ingrédients pour 8 personnes

300 g de petit salé
300 g de poitrine demi-sel
300 g de flanchet de veau ou de macreuse de bœuf
1 beau morceau de barde
1 bouillon du commerce ou des os de veau ou de bœuf
1 bouquet garni
1 branche de thym
2 feuilles de laurier
1 gros chou vert de 1,2 kg/1,4 kg
Bicarbonate
3 oignons
1 bouquet de persil
2 gousses d'ail
3 œufs entiers
Gros sel
Poivre en grains
Sel fin, poivre du moulin

Dans une marmite contenant 3 litres d'eau, mettez le bouillon du commerce – ou des os de veau ou de bœuf –, le bouquet garni, le petit salé, la poitrine et le veau ou le bœuf, ajoutez une branche de thym supplémentaire, les 2 feuilles de laurier et le poivre en grains. Portez à ébullition, laissez bouillotter 1 heure.

Pendant ce temps, faites blanchir le chou – après l'avoir soigneusement lavé – dans un faitout d'eau bouillante avec le gros sel durant 7 minutes – n'oubliez pas le bicarbonate pour éviter les flatulences. Égouttez et rincez le chou à l'eau froide.

Épluchez les oignons. Hachez les viandes (petit salé, poitrine et macreuse), les oignons, le bouquet de persil et les gousses d'ail. Ajoutez les œufs entiers, mélangez, rectifiez l'assaisonnement.

Tapissez le fond d'une cocotte avec la barde, étalez une couche de chou, puis de hachis, renouvelez plusieurs fois l'opération et terminez par une couche de chou. Arrosez le tout avec trois louches de bouillon de cuisson des viandes. Faites cuire sur feu doux, cocotte ouverte, pendant 1 h 30, le chou doit dorer.

Servez dans la cocotte sur la table ou démoulez dans un plat creux.

Suggestion

Ce plat peut se servir avec un coulis de tomates.

Choucroute à la vapeur

Charlotte de Turckheim venait présenter le film qu'elle a réalisé dont le thème était les cures d'amaigrissement. Il fallait donc un plat de régime... Mais Charlotte de Turckheim est gourmande et originaire d'Alsace, j'ai donc essayé de joindre l'utile à l'agréable. La quadrature du cercle !

À commencer la veille

Ingrédients pour 8 personnes

2 kg de choucroute crue
1 jarret de porc demi-sel
800 g de demi-palette de porc
400 g de poitrine fumée
2 saucisses fumées
8 knacks
1 carotte coupée en rondelles
1 branche de céleri
1 branche de thym
2 feuilles de laurier
1 bouquet de persil
8 pommes de terre à chair ferme, Roseval ou Pompadour
1 cuillerée à soupe de grains de genièvre
1 cuillerée à café de grains de cumin
1 cuillerée à café de poivre noir en grains
1 oignon piqué de 6 clous de girofle

La veille, faites tremper les viandes salées en changeant l'eau trois fois.

Le jour même, lavez à grande eau la choucroute crue. Pressez-la bien entre les mains pour en extraire l'eau. Dans le premier compartiment perforé du cuit-vapeur, disposez la carotte coupée en rondelles, la branche de céleri, le thym, le laurier et le bouquet de persil, puis effeuillez la moitié de la choucroute crue. Saupoudrez-la avec la moitié des grains de genièvre, le cumin et le poivre. Mettez au centre l'oignon piqué des 6 clous de girofle, puis posez le jarret demi-sel et la palette.

Dans le deuxième compartiment, mettez le reste de choucroute crue avec le reste de genièvre, du cumin et du poivre. Posez la poitrine fumée au milieu en l'enfouissant. Faites cuire à la vapeur pendant 1 h 30. Enlevez le couvercle. Mettez les pommes de terre

Les plats

épluchées. Continuez la cuisson vapeur pendant encore 20 minutes. Quinze minutes avant de servir, ajoutez les saucisses fumées.

Dans le même temps faites pocher les knacks dans une casserole ; l'eau ne doit pas bouillir sinon elles éclatent.

Conseil

Au bout de 1 heure, surveillez le niveau et ajoutez éventuellement 1 litre d'eau bouillante. Lorsque vous ajoutez de l'eau, intervertissez les compartiments perforés.

Choucroute

Isabelle Boulay, chanteuse québécoise, a découvert la choucroute lors d'une de ses tournées en France, et François Cluzet, génial acteur, voulait une choucroute. Rien de plus simple que de leur faire plaisir, d'autant qu'un grand-oncle alsacien m'avait appris à la cuisiner dans un plat à baeckeoffe.

Ingrédients pour 6 personnes

1,8 kg de choucroute crue
1 palette de porc demi-sel ou fumée selon vos goûts
400 g en un seul morceau de poitrine fumée
400 g en un seul morceau de poitrine demi-sel
2 belles saucisses à cuire (morteau ou montbéliard)
6 « knackwürst » ou saucisses de Strasbourg
6 à 12 pommes de terre, selon leur grosseur
100 g de saindoux
2 gros oignons
1 poignée de grains de genièvre
1 poignée de poivre gris
2 petites feuilles de laurier coupées en morceaux
1/2 bouteille de sylvaner ou de riesling

Rincez abondamment la choucroute en plusieurs eaux. Égouttez.

Faites fondre le saindoux. Épluchez, émincez en tranches fines les oignons et mettez-les à fondre dans le saindoux très doucement. Ils ne doivent pas colorer. Dans une grande terrine à baeckeoffe ou dans une cocotte en fonte, étalez les oignons fondus avec le saindoux bien chaud. Placez une épaisse couche de chou, répandez la moitié du genièvre, des grains de poivre et du laurier. Sur ce lit accueillant, posez la poitrine fumée et demi-sel et la palette fumée. Recouvrez de chou et de la même quantité d'aromates. Arrosez de vin blanc, couvrez. Mettez dans le four à 180 °C (th. 6) et oubliez pendant 1 h 30.

Après cette première cuisson, mettez la choucroute du dessus, dessous, et ajoutez vos saucisses. Remettez au four et oubliez encore pendant 1 h 30.

Faites cuire les pommes de terre séparément à la vapeur et réchauffez doucement les saucisses de Strasbourg dans une casserole d'eau frissonnante. L'eau ne doit surtout pas bouillir.

Nota bene

La choucroute se réchauffe sans difficulté. Elle est aussi un excellent légume qui accompagne une pintade rôtie, un confit de canard ou d'oie, un rôti de porc. Quelle que soit la viande choisie, elle cuit dans une cocotte, comme indiqué ci-dessus.

Colombo de poulet

Encore un de nos grands disparus... Henri Salvador était un homme courtois, bon vivant, transpirant la joie de vivre. J'ai eu plaisir à lui rappeler son pays d'origine.

Ingrédients pour 4 personnes

1 poulet de 1,2 kg environ, coupé en 8 morceaux
2 cuillerées à soupe de vinaigre d'alcool
6 gousses d'ail
1/2 piment
1 échalote
1 branche de thym
1 cuillerée à café de coriandre en poudre
1 cuillerée à café d'anis en poudre
3 cuillerées à soupe d'huile
1 oignon émincé
2 cives hachées
4 branches de persil
4 pommes de terre
1 aubergine
1 courgette
1 litre de bouillon de volaille ou de bœuf du commerce
2 cuillerées à soupe de poudre à colombo
15 cl de lait de coco
1 citron
Sel fin, poivre au moulin

Lavez les morceaux de poulet à l'eau vinaigrée et égouttez-les. Assaisonnez avec du sel, du poivre, 4 gousses d'ail écrasées, le demi-piment haché, l'échalote émincée, le thym et 1/2 cuillerée à café de coriandre et d'anis en poudre. Arrosez d'un peu de vinaigre et laissez macérer pendant 1 heure environ.

Faites chauffer un peu d'huile dans une cocotte. Ajoutez 1 gousse d'ail écrasée et le reste de coriandre et d'anis en poudre. Laissez blondir, ajoutez les morceaux de poulet et faites dorer. Arrosez le poulet avec le mélange dans lequel il a macéré et un peu de bouillon. Lorsque le poulet est bien doré, ajoutez l'oignon, les cives et le persil haché. Mélangez.

Pelez les pommes de terre et coupez-les en deux. Lavez et coupez l'aubergine et la courgette en morceaux. Disposez les légumes dans la cocotte. Versez un grand verre de bouillon. Laissez cuire pendant 15 minutes. Ajoutez la poudre à colombo, délayée dans un verre de bouillon. Mélangez et laissez mijoter pendant 15 minutes. Versez le lait de coco.

Cinq minutes avant la fin de la cuisson, ajoutez le jus de citron et la gousse d'ail restante écrasée. Goûtez pour rectifier l'assaisonnement.

Coquelets grillés au citron vert

Demis Roussos était au régime quand il est venu nous rendre visite. J'ai demandé à Zana Murat, qui dirige de main de maître le théâtre de son mari, Bernard Murat (Théâtre Édouard-VII), de préparer cette recette que l'on peut déguster, avant ou après les représentations, dans leur restaurant attenant au théâtre. J'ajouterai que Zana est une cuisinière exemplaire, ses nombreux livres de cuisine en attestent.

Ingrédients pour 6 personnes

3 coquelets (ou 6 s'ils sont petits)
3 citrons verts (jus)
1 filet d'huile d'olive extra vierge
1/2 cuillerée à soupe de thym
1/2 cuillerée à soupe de romarin
5 échalotes
3 gousses d'ail
Sel fin, poivre du moulin

Demandez au boucher de couper les coquelets en deux. Rincez les demi-coquelets à l'eau froide, égouttez et essuyez. Salez, poivrez et déposez les morceaux de volaille dans un plat creux. (S'ils sont petits, fendez-les et aplatissez-les.)

Pressez les citrons verts au-dessus des coquelets. Ajoutez un filet d'huile d'olive, les herbes, les échalotes épluchées et émincées, l'ail dégermé et écrasé, et mélangez le tout. Les coquelets doivent mariner au moins 2 à 3 heures. Retournez-les régulièrement. La chair cuira d'autant plus vite que le citron l'aura déjà bien imprégnée.

Posez les demi-coquelets sur la grille du four (elle-même placée sur la lèchefrite), de telle manière qu'ils soient placés entre 3 et 4 cm du gril. Retournez les coquelets deux fois, en les arrosant à chaque fois de la marinade. La peau croustille et la chair est moelleuse.

Suggestions

Remplacez les coquelets par des cuisses de poulet et/ou des ailes de poulet en adaptant les temps de cuisson ; les citrons verts par des citrons jaunes.
Recette du chef Florent Muraz
Restaurant Édouard-VII, café Guitry – 10, place Édouard-VII – 75009 Paris
Tél. : 01 40 07 00 77

Côtes de veau Grand Monarque « revisitée »

Une émission chorale, plusieurs invités, tout le monde est logé à la même enseigne. Dans ces cas-là, je choisis un chef et une grande maison ; ce fut cette fois-ci le Grand Monarque, mythique halte chartraine. Simple à préparer, cette recette eut un grand succès.

Ingrédients pour 6 personnes

2 côtes de veau de 500 g
200 g de champignons de Paris
1 citron jaune
5 échalotes
20 cl de crème fleurette
100 g d'emmental râpé
5 cl d'huile d'arachide
10 cl de porto
40 cl de jus de veau
80 g de beurre
Sel fin, poivre du moulin

Coupez les champignons en morceaux, puis faites-les cuire dans une émulsion (mélange d'eau, de beurre, de jus de citron, de sel et de poivre) pendant 4 à 5 minutes. Égouttez, puis concassez-les grossièrement au couteau. Dans une casserole, faites suer 2 échalotes ciselées dans le beurre, puis ajoutez la crème et laissez réduire de moitié. Ajoutez les champignons concassés et l'emmental râpé, mélangez ensemble, vérifiez l'assaisonnement, réservez.

Préchauffez le four à 180 °C (th. 6). Désossez les côtes avant de les ficeler. Dans une poêle, faites-les revenir dans l'huile et saisissez-les bien des deux côtés de 3 à 4 minutes. Mettez les côtes de veau dans un plat allant au four, ajoutez des morceaux de beurre. Enfournez de 15 à 20 minutes. En fin de cuisson, ajoutez la farce de champignons, et passez quelques minutes sous le gril.

Préparez la sauce. Faites suer et colorer 3 échalotes. Versez le porto et laissez réduire entièrement, puis ajoutez le jus de veau. Réservez au chaud.

Coupez chaque côte en 4 tranches épaisses ; l'intérieur doit être rosé. Dressez dans les assiettes et nappez de sauce.

Hôtel-restaurant Le Grand Monarque

22, place des Épars – 28000 Chartres
Tél. : 02 37 18 15 15

Les plats

Courgettes farcies

Cette recette complète celles des aubergines farcies (voir p. 123) et celle des poivrons farcis (voir p. 210).

Ingrédients pour 4 personnes

8 petites courgettes rondes
1 oignon
50 g de riz
1 gousse d'ail
1 jaune d'œuf
1 cuillerée à soupe de basilic haché
50 g de parmesan râpé
50 g de chair à saucisse
Chapelure
1 filet d'huile d'olive extra vierge
Sel fin, poivre du moulin

Préparez les petites courgettes en coupant la tige à ras avant de les laver et de les essuyer. Faites-les cuire dans une casserole d'eau bouillante salée en même temps que l'oignon pendant 10 minutes. Dans une autre casserole, faites cuire le riz. Égouttez les courgettes et laissez refroidir pour pouvoir leur couper un chapeau aux deux tiers environ.

Préchauffez le four à 180 °C (th. 6).

À l'aide d'une petite cuillère, videz les courgettes de leur pulpe en faisant bien attention de ne pas les crever. Découpez grossièrement cette chair en même temps que celle de l'oignon. Versez dans une terrine, ajoutez l'ail écrasé au presse-ail, le jaune d'œuf et le basilic frais haché, sans oublier de saler et de poivrer. Malaxez le tout, puis incorporez le riz cuit et le parmesan râpé.

Remplissez les petites courgettes de cette farce avant de les déposer dans un plat à gratin. Saupoudrez de chapelure, arrosez-les d'un filet d'huile et mettez-les à cuire pendant 40 à 45 minutes dans le four préchauffé.

Couscous des Hauts Plateaux

Spirituel comme Guitry, brillantissime comme Jean-Claude Brialy... Il aurait pu choisir un plat de son célèbre restaurant « L'Orangerie », dans l'île Saint-Louis ; il a préféré le plat qui lui rappelait son enfance en Algérie. Paix à toi, Cher Jean-Claude.

À commencer la veille

Ingrédients pour 6 personnes

150 à 200 g de viande d'agneau par personne dans le collier et l'épaule coupés par le boucher en morceaux d'environ 70 g
2 cuillerées à soupe d'huile d'arachide
3 gros oignons
3 cuillerées de piment doux en poudre
2 à 3 cuillerées à café de concentré de tomates
6 carottes
6 navets
3 grosses pommes de terre
4 courgettes moyennes
1/2 boîte de pois chiches précuits
1 pied de cardon
1 sachet de fèves surgelées ou 200 g de fraîches pendant la saison
400 à 500 g de semoule fine
3 cuillerées à soupe de beurre fondu
2 cuillerées à soupe de gros sel
Sel fin, poivre du moulin

La veille, faites tremper les fèves dans un grand volume d'eau avec une pincée de bicarbonate de soude.

Le lendemain, dans une grande cocotte en fonte, faites chauffer l'huile d'arachide. Ajoutez les oignons hachés très fin, faites suer sans roussir. Ajoutez la viande, faites colorer. Ajoutez le sel, le poivre, le piment doux et le concentré de tomates. Remuez pour imprégner les morceaux. Couvrez l'ensemble d'eau, portez à ébullition, ramenez ensuite à mijotage et faites cuire 20 minutes à couvert.

Pendant ce temps, préparez les légumes. À l'aide d'un petit couteau, épluchez les cardons, découpez-les en tronçons de 7/8 cm de longueur et trempez-les immédiatement dans de l'eau vinaigrée ou citronnée pour ne pas qu'ils noircissent.

Ajoutez les cardons, les carottes et les navets épluchés et coupés en quatre. Dix minutes plus tard, ajoutez les pommes de terre coupées en quatre, les courgettes coupées en huit et les pois chiches, et laissez cuire à feu moyen 30 minutes.

Déposez dans le couscoussier les fèves et faites-les cuire à la vapeur. Une fois cuites, égouttez, salez et ajoutez au contenu de la cocotte.

Rajoutez de l'eau à bouillir dans le couscoussier. Ne dépassez pas les 2/3 du volume du récipient.
Dans un grand saladier ou un cul-de-poule, mouillez la semoule avec de l'eau salée, froide ou chaude. Versez la semoule dans la partie haute du couscoussier et installez-la dès que la vapeur est suffisante. Après 5 à 6 minutes, retirez la partie haute du couscoussier, arrosez avec l'eau salée, égrenez d'abord avec une écumoire, puis avec les mains, pour détacher les grains de la semoule. Remettez encore le couscoussier sur la vapeur. Procédez ainsi deux fois, à la troisième fois, ajoutez 3 cuillerées à soupe de beurre fondu, mélangez, et présentez dans le plat à couscous recouvert de viande et des légumes. Servez le bouillon à part.

Cuisses de lapin confites

Juliette Gréco aime la table, mais ne veut pas qu'on la voit manger, surtout à la télévision ; elle trouve cela inélégant. Elle a sans doute raison, d'autant que sur le canapé l'exercice est plutôt inconfortable et demande beaucoup d'attention pour mener la fourchette à sa bouche... Encore une fois, j'ai demandé à Zana Murat d'intervenir auprès de Florent Muraz pour qu'il exécute une de ses recettes du restaurant du Théâtre Édouard-VII où Juliette Gréco a créé, il y a bien longtemps, une pièce de son amie Françoise Sagan.

Ingrédients pour 6 personnes

6 cuisses de lapin
500 g de graisse d'oie
12 à 18 gousses d'ail en chemise
Thym frais et/ou romarin, laurier
Sel fin, poivre du moulin

Assaisonnez les cuisses de lapin, posez-les dans une sauteuse ou une marmite. Versez la graisse d'oie – elle doit les recouvrir –, ajoutez les gousses d'ail et la garniture aromatique. Faites cuire 4 à 5 heures sur feu très doux à couvert.

Égouttez les cuisses et servez. Décorez-les des gousses d'ail et d'un brin de romarin frais avec une belle purée de pommes de terre et une salade verte.

Suggestion

Vous pourrez filtrer et garder la graisse d'oie pour une prochaine utilisation. Comme la cuisson est douce, la graisse ne risque pas de brûler.

Recette du chef Florent Muraz

Restaurant Édouard-VII, café Guitry – 10, place Édouard-VII – 75009 Paris
Tél. : 01 40 07 00 77

Daube à la niçoise

Denise Fabre a écrit un livre de cuisine sur la cuisine niçoise largement inspiré du grand livre de Jacques Médecin sur le même thème.
Elle a choisi la daube provençale, plat traditionnel de sa ville d'origine.

Ingrédients pour 6 à 8 personnes

1,2 kg à 1,8 kg de viande de bœuf à braiser dans la macreuse, le jumeau ou le paleron (la quantité nécessaire de viande a été augmentée de 800 g pour éventuellement préparer un hachis Parmentier)
2 cuillerées à soupe de saindoux
3 oignons
5 carottes
5 gousses d'ail
1 branche de céleri
1 bouquet garni (persil avec la queue, thym, laurier)
7 ou 8 belles tomates
3 beaux verres de vin rouge tannique
Sel fin, poivre du moulin
1 cube de bouillon de bœuf

Faites couper la viande par le boucher en morceaux de 60 à 70 g. Salez et poivrez au moulin sur toutes les faces.

Dans une sauteuse, faites revenir dans une cuillerée de saindoux les oignons coupés en 6 ou 8 morceaux, les carottes en rondelles, l'ail écrasé, le céleri et le bouquet garni.

Dans une cocotte, faites revenir dans l'autre cuillerée à soupe de saindoux les morceaux de bœuf à vif, la viande doit être bien croustillante. Retirez les morceaux pour éliminer le gras de cuisson. Remettez les morceaux dans la cocotte avec la garniture aromatique et les tomates pelées et épépinées. Ajoutez le vin rouge et complétez jusqu'à ce que les viandes soient couvertes avec un consommé de bœuf.
Portez à ébullition, et maintenez à très légers bouillottements. Après 3 heures, arrêtez la cuisson et laissez refroidir.

Mettez au réfrigérateur pour la nuit, dégraissez, puis remettez à cuire doucement pour 45 minutes à 1 heure.

Servez avec des gros macaronis, du riz, des pâtes, une polenta... Bref, la garniture que vous souhaitez.

Émincé de filet de bœuf Tan Dinh

Jean Daniel est un journaliste éminent, un écrivain engagé, il souhaitait le repas de la Cène. Pas facile d'interroger les rescapés de ce banquet. Nous nous sommes rabattus sur une spécialité du grand restaurant asiatique Tan Dinh.

Ingrédients pour 6 personnes

800 g ou 1 kg de filet de bœuf paré
40 g de sucre roux
20 g de miel de fleurs
25 g de sauce soja
25 g d'arrow-root ou de fécule de maïs
1 cuillerée à moka de poivre de Sichuan moulu
5 g de cinq-épices (coriandre, cannelle, clous de girofle, badiane et cumin) en poudre
1 gros citron vert (lime) pressé
1 gousse d'ail hachée très fin ou pressée

Mélangez à froid avec de l'eau tous les ingrédients, à l'exception de la viande et de l'ail, pour obtenir la marinade. Mettez le filet de bœuf coupé en cinq morceaux égaux dans la marinade pendant 1 h 30 à 2 heures. Prenez le reste de la marinade et liez avec de l'arrow-root ou de la fécule de maïs. Gardez au chaud.

Grillez les morceaux de bœuf à la cuisson souhaitée. Dressez le bœuf sur un plat. Mettez l'ail pressé ou haché dans la sauce bouillante. Filtrez et versez sur le bœuf.

Recette du restaurant Tan Dinh
60, rue de Verneuil – 75007 Paris
Tél. 01 45 44 04 84

Endives au jambon

Michou est une star, mais il aime les plats simples. Ça tombait bien, Michel Drucker aime aussi les endives au jambon ; c'est ainsi que l'on peut faire d'une pierre deux coups.

Ingrédients pour 8 personnes

8 endives
1 citron
2 cuillerées à soupe de beurre
4 tranches de jambon « maison » ou supérieur découenné

Pour la sauce

1/2 litre de lait
3 jaunes d'œufs
2 cuillerées à soupe de beurre
2 cuillerées à soupe de fécule de maïs ou autre fécule
1 grosse poignée de fromage râpé
Un peu de noix de muscade râpée
Sel fin, poivre du moulin

Choisissez des endives bien fermées, bien blanches et plutôt joufflues, rondouillardes et courtes. Coupez le pied, passez-les à l'eau rapidement si elles sont de pleine terre. Rangez les endives dans une cocotte en fonte. Arrosez avec le jus de citron, ajoutez la moitié du beurre et de l'eau. Salez et poivrez. Couvrez. Mettez sur le feu et faites cuire doucement pendant environ 45 minutes. Surveillez qu'elles ne brûlent pas, sinon ajoutez quelques gouttes d'eau. Les endives doivent être très tendres et il ne doit plus rester de jus de cuisson dans la cocotte.

Coupez chaque tranche de jambon en deux. Emmaillotez chaque endive dans une demi-tranche de jambon. Rangez-les dans un plat à gratin légèrement beurré.

Préchauffez le four à 220 °C (th. 7/8).

Réunissez tous les ingrédients destinés à la sauce dans une casserole. Mettez sur le feu, remuez sans arrêt jusqu'à ébullition. Versez alors la sauce sur les endives. Complétez avec un peu de fromage râpé et le beurre restant coupé en petits morceaux. Enfournez pour 20 minutes.

Passez le plat quelques minutes sous le gril de votre four pour donner à l'ensemble une belle couleur dorée et servez bien chaud.

Suggestion

Il est souhaitable de faire cuire les endives la veille pour qu'elles soient parfaitement égouttées.

Escalopes milanaises (*Orecchia di elefante*)

David Hallyday aime aussi les plats traditionnels de la cuisine italienne. L'oreille d'éléphant, appelée ainsi dans la région milanaise, lui convenait parfaitement.

Ingrédients pour 4 personnes

4 côtelettes de veau sans os dans les côtes premières (demandez au boucher de les aplatir le plus possible)
3 œufs entiers
100 g de farine
100 g de chapelure
10 cl d'huile d'olive extra vierge
30 g de beurre
1 citron
Sel fin, poivre du moulin

Battez les œufs dans un saladier.

Prenez trois assiettes : dans l'une, mettez la farine ; dans la deuxième, les œufs battus ; dans la troisième, la chapelure. Passez chaque escalope sur les deux faces, d'abord dans la farine, puis dans les œufs battus, enfin dans la chapelure. Salez, poivrez. Vous avez pané les escalopes. Veillez à ce que la chapelure s'accroche en aplatissant légèrement avec la main.

Mettez l'huile d'olive dans une poêle – feu moyen. Quand elle est chaude, ajoutez le beurre ; quand il grésille, déposez les escalopes. Faites dorer. Baissez le feu. Continuez la cuisson 2 minutes, puis retournez. Faites de même de l'autre côté. Posez les escalopes sur du papier absorbant pour les sécher recto verso, puis sur une assiette.

Servez chaud avec des quartiers de citron.

Farce classique pour « petits farcis »

Cette recette complète celles des aubergines farcies (voir p. 123), des courgettes farcies (voir p. 160) et des poivrons farcis (voir p. 210).

Ingrédients pour 4 grosses tomates

150 g de chair à saucisse
100 g de mie de pain
1/2 tasse de lait entier
1 gousse d'ail
1 oignon
4 cuillerées à soupe de persil haché
2 cuillerées à soupe d'huile
2 jaunes d'œufs
Sel fin, poivre du moulin

Émiettez la mie de pain dans le lait.

Préparez l'ail et l'oignon en les hachant menu. Faites-en autant avec le persil, puis réservez dans une tasse.

Faites chauffer l'huile dans une poêle, mettez l'ail et l'oignon à fondre et à dorer. Ajoutez la chair à saucisse et faites cuire pendant quelques minutes.

Hors du feu, mélangez à cette préparation la mie de pain pressée, les deux jaunes d'œufs, le persil haché. Salez et poivrez. Malaxez la farce pour qu'elle soit homogène.

Elle est prête à farcir les tomates, mais aussi oignons, courgettes rondes, aubergines et poivrons.

Fricassée de poulet à l'ancienne

Thierry Lhermitte a du talent ; il est intelligent, modeste et simple. Il n'y a eu aucune difficulté à le satisfaire.

Ingrédients pour 6 personnes

1 poulet coupé en 6 ou 8 morceaux
1 oignon
1 clou de girofle
1 bouquet garni (thym, laurier)
3 branches de persil plat
100 g de beurre
1 cuillerée à soupe de farine
12 petits oignons blancs
3 jaunes d'œufs
15 cl de crème fraîche
1 citron
Sel fin, poivre du moulin

Dans une cocotte, mettez les morceaux de poulet, mouillez à hauteur avec de l'eau tiède pendant 15 minutes à feu doux sans porter à frémissement pour les faire dégorger. Jetez l'eau, recommencez l'opération avec de l'eau fraîche, puis ajoutez l'oignon coupé en quatre piqué du clou de girofle, le bouquet garni, le persil. Salez, poivrez, et portez à frémissement pendant 10 minutes. Sortez et égouttez les morceaux de poulet. Passez le bouillon au chinois. Réservez.

Dans la cocotte, mettez 50 g de beurre et faites revenir les morceaux sur toutes leurs faces jusqu'à obtenir une coloration blonde. Saupoudrez la farine et mélangez sans laisser roussir. Versez la moitié du bouillon et délayez afin d'obtenir une sauce ni trop liquide ni trop épaisse. Portez à frémissement, puis faites mijoter à feu doux pendant 20 à 25 minutes.

Pendant ce temps, pelez les oignons, faites-les cuire dans le reste du bouillon pendant 15 minutes. Égouttez-les et faites-les revenir 10 minutes avec 20 g de beurre à feu doux. Réservez.

Après 20 minutes, sortez le poulet et réservez-le au chaud, puis dégraissez la sauce, réduisez-la d'un tiers et rectifiez l'assaisonnement.

Dans un bol, battez les jaunes d'œufs et la crème. Hors du feu, mélangez la préparation à la sauce. Ajoutez le reste de beurre et le jus du citron. Fouettez pour qu'elle ne tourne pas.

Dans un plat, mettez les morceaux de poulet, les oignons égouttés, nappez de sauce et servez.

Gigot de sept heures

Qui ne cuit que cinq heures... Un classique. Une recette traditionnelle qui se sert à la cuillère, et généralement les invités ont du mal à reconnaître l'origine de la viande. Didier Barbelivien aime ces plats roboratifs, généreux, qui se servent le plus souvent sans entrée, accompagnés d'un vin plutôt tannique.

Ingrédients pour 8 personnes

1 gigot de 3 kg paré
1 grosse poignée d'os et de déchets de mouton
3 oignons
3 carottes
3 cuillerées à soupe d'huile d'arachide
1 cuillerée à soupe de beurre
3 verres de vin blanc sec
1 branche de thym
2 feuilles de laurier
1 branche de céleri
1 bouquet de persil
4 tomates
2 têtes d'ail
2 litres de consommé de bœuf ou de volaille

Épluchez et coupez les oignons et les carottes en rondelles épaisses de 1 cm environ. Dans une large poêle, faites chauffer l'huile et ajoutez le beurre. Lorsqu'ils grésillent, faires revenir sur toutes ses faces le gigot. Il doit être doré et croustillant. Emballez et ficelez-le dans un torchon, réservez. Simultanément, mettez les os et les parures dans une cocotte et faites-les suer à feu moyen. Ajoutez les oignons et les carottes avec la matière grasse de cuisson du gigot. Faites prendre de la couleur. Versez le vin blanc. Remuez et grattez le fond de la cocotte pour récupérer tous les sucs. Ajoutez le bouillon, le thym, le laurier, la branche de céleri, le bouquet de persil, les tomates coupées en quatre et les têtes d'ail écrasées au pilon. Portez à ébullition.

Dans une terrine, posez le gigot et versez le contenu de la cocotte. Posez le couvercle et lutez avec une pâte constituée de farine et d'eau. Les interstices entre le couvercle et le récipient doivent être intégralement bouchés. Mettez au four à 150 °C (th. 5) pendant 5 heures.

Retirez du four. Cassez le lut. Retirez délicatement le gigot de la terrine et maintenez-le à température à l'entrée du four couvert d'un papier d'aluminium.

Passez la sauce au chinois, en pressant bien tous les ingrédients de cuisson. Versez le jus ainsi obtenu dans une casserole et faites réduire.

Sur un plat de service bien chaud, faites glisser le gigot hors du torchon. Servez avec une cuillère, accompagné de la sauce et d'un gratin dauphinois, d'épinards, de macaronis ou de blettes, si l'on a deux fours, ou de purée de haricots blancs, de céleris, de pommes de terre, d'épinards ou de chou-fleur.

Gratin de macaronis

Le gratin de macaronis est un plat familial, qui ne demande aucune étude spécifique ni grand talent, mais qui régale toujours les grands et les petits autour de la table. Gérard Jugnot est bien en adéquation avec ce plat.

Ingrédients pour 8 personnes

700 g de macaronis
150 g de beurre
Un peu de noix de muscade râpée
300 g de comté, beaufort, emmental en mélange
5 tranches de jambon cuit
4 cuillerées à soupe de chapelure
Sel fin, poivre du moulin

Faites cuire les macaronis (ou autres pâtes) en suivant le mode d'emploi indiqué sur l'emballage. Égouttez.

Râpez le fromage.

Préchauffez le four à 220 °C (th. 7/8).

Dans un moule à soufflé, déposez une couche de macaronis, couvrez de petites noisettes de beurre, salez, poivrez, ajoutez la muscade puis une couche de fromage râpé, avec le jambon cuit découpé en lanières. Continuez jusqu'à épuisement des ingrédients. Terminez par le fromage. Déposez quelques copeaux de beurre, saupoudrez de chapelure. Enfournez. Dix minutes de cuisson sont largement suffisantes.

Servez bien chaud.

Hachis Parmentier

La cuisine des restes était l'apanage des maisons bourgeoises. À l'époque du paraître et du m'as-tu-vu, il n'est pas de mise, et pourtant... Quand la purée est bonne, quand la farce est bien relevée, que les fromages râpés croustillent et que l'assaisonnement de la salade croquante agace les papilles, on peut se trouver devant un grand plat. C'est Franck Dubosc qui l'avait choisi.

Ingrédients pour 6 personnes

450 à 500 g de restes de pot-au-feu
300 g de restes de bœuf bourguignon
1 kg de pommes de terre
2 oignons
3 cuillerées à soupe de beurre
150 g de chair à saucisse
100 g de foie de veau ou de foie de génisse
1/2 botte de persil plat
1 petite boîte de concentré de tomates
1 verre de lait entier
1 bouquet garni
Sel fin, poivre du moulin

Hachez « grosse grille » les restes de bœuf et de bourguignon dégraissé.

Épluchez et coupez les pommes de terre en gros quartiers puis faites-les cuire, bien recouvertes d'eau salée.

Épluchez et émincez les oignons. Faites fondre doucement dans une cocotte en fonte avec une belle cuillerée à soupe de beurre. Ajoutez la chair à saucisse, puis les restes de viande, le foie de veau et le persil, hachés grossièrement.

Dans un saladier, mélangez le concentré de tomates, 2 cuillerées à soupe de bouillon du pot-au-feu ou « du commerce », le restant de la cuisson du bourguignon, et mélangez. Ajoutez à la viande dans la cocotte ainsi que le bouquet garni. Laissez mijoter l'ensemble à couvert. Les viandes doivent rester moelleuses et bien humides.

Passez les pommes de terre au moulin à légumes, ajoutez deux cuillerées à soupe de beurre. Mélangez bien avec une spatule en bois. Versez le lait bouillant. Mélangez à nouveau. Préchauffez le four à 180 °C (th. 6). Beurrez le plat à gratin, étalez abondamment les viandes de la cocotte, recouvrez de purée. Selon votre goût, ajoutez une bonne couche de fromage râpé – comté, emmental ou beaufort –, quelques copeaux de beurre, mettez au four pour 25 à 30 minutes.

Servez avec une salade verte, croquante, légèrement aillée.

Irish stew

Jean Gachassin, grand rugbyman, et maintenant patron de Roland-Garros, voulait de l'agneau des Pyrénées pour honorer les producteurs de sa région natale. Les éleveurs sont remarquables, mais le gigot est difficile à cuire parfaitement dans les modestes cuisines du studio. Je lui ai suggéré un plat typique irlandais utilisant les bas morceaux de l'agneau, l'Irish stew. Un plat inratable, qui peut se préparer le matin pour le soir, la veille pour le lendemain... Un plat qui ne demande aucune compétence particulière. Nous avons tous pris beaucoup de plaisir à le déguster. Ce plat irlandais est avant tout modeste : pommes de terre et bas morceaux de mouton. Si vous ne trouvez pas de viande de mouton, prenez de l'agneau, sachant que le collier est moins cher que la poitrine.

Ingrédients pour 6 personnes

1 kg d'agneau coupé en morceaux de 50 g environ (poitrine, haut de côtes ou collier)
800 g de pommes de terre à chair ferme
200 g d'oignons
2 gousses d'ail
2 échalotes
1 bouquet garni (1 branche de thym, 1 feuille de laurier, queues de persil)
2 verres de bouillon (40 cl)
Sel fin, poivre du moulin

Préchauffez le four à 180 °C (th. 6).

Épluchez les pommes de terre et les oignons, émincez-les au robot ou à la mandoline. Épluchez les gousses d'ail et les échalotes, laissez-les entières.

Salez et poivrez sur chaque face les morceaux de viande.

Dans une cocotte, mélangez viande, pommes de terre, oignons, ail et échalotes. Ajoutez le bouquet garni. Mouillez avec le bouillon. Couvrez. Enfournez pour 2 heures.

Retirez le bouquet garni et servez brûlant dans le plat de cuisson.

Jambonneau de porc aux lentilles

Le couple Goya-Debout est indissociable dans la vie et à table. Ils ont choisi un plat simple, bon marché et facile à réaliser. J'insiste sur un point, choisissez de préférence des jambonneaux arrière, ils sont plus « viandeux » que ceux de devant.

Ingrédients 6 personnes

2 jambonneaux demi-sel de 500 g chacun
1 gros oignon jaune
1 belle carotte
1 belle cuillerée à soupe de saindoux
50 g de beurre
1 gousse d'ail
1,5 litre de bouillon de volaille ou de bœuf
1 bouquet garni (1 branche de thym, 1 feuille de laurier, quelques queues de persil)
300 g de lentilles vertes du Puy
1 belle cuillerée à soupe de persil plat ciselé
Sel fin, poivre du moulin

Faites dessaler les jambonneaux 4 heures dans l'eau claire.

Préparez le bouillon. Pelez et coupez l'oignon et la carotte en rondelles de 1 cm environ. Faites-les mijoter dans une cocotte avec le saindoux et la moitié du beurre, une dizaine de minutes à feu doux, à couvert. Ajoutez l'ail épluché et écrasé. Remuez bien avec la cuillère en bois pour les laisser s'imprégner des arômes. Versez le bouillon et plongez les jambonneaux. Portez doucement à ébullition. Écumez si nécessaire. Complétez avec le bouquet garni, le sel et le poivre. Faites cuire à feu doux 1 h 40, voire 2 heures, la cocotte couverte aux trois-quarts.

Après 1 h 30, ajoutez les lentilles. Laissez cuire pendant 25 minutes. Retirez le bouquet garni, déposez les jambonneaux coupés en deux sur un plat de service maintenu chaud. Ajoutez le reste du beurre aux lentilles, parsemez de persil simple grossièrement coupé avec les ciseaux.

Suggestion

Les jambonneaux sont savoureux un peu rôtis. Après 1 h 40 de cuisson, passez-les 15 minutes au four préchauffé à 180 °C (th. 6) et réunissez-les avec les lentilles 10 minutes avant de servir.

Jarrets de porc au vin

Raymond Domenech est venu avant la catastrophe du championnat du monde de football. Heureusement pour lui. Nous aurions été tentés de lui glisser quelques quolibets. Il a choisi un plat rustique, bon marché. Il était réussi. Victoire !

Ingrédients pour 6 personnes

2 jarrets de porc frais de 500 g chacun
250 g de lard demi-sel
300 g de carottes
1 branche de céleri
200 g d'échalotes
1 kg de gros poireaux
125 g de beurre
1 bouquet garni
1 bouteille de vin blanc sec + 1 verre (15 cl)
3 belles cuillerées à soupe de crème fraîche
1 cuillerée à soupe de moutarde blanche forte
Sel fin, poivre du moulin

Déposez les jarrets et le lard dans une grande casserole d'eau froide. Portez à ébullition, puis baissez le feu et laissez frémir pendant 10 minutes. Égouttez et laissez refroidir avant de couper le lard en lardons.

Prélevez une louche du jus de cuisson, mettez-la dans un bol et au congélateur pour le dégraisser facilement.

Épluchez et lavez les légumes. Ne gardez que le blanc des poireaux.

Dans une cocotte en fonte, faites fondre 25 g de beurre. Ajoutez les carottes et la branche de céleri coupées en rondelles, les blancs de poireaux et la moitié des échalotes émincés, les lardons, le bouquet garni. Laissez fondre à couvert pendant 10 à 12 minutes en remuant. Ajoutez les jarrets et la bouteille de vin. Couvrez, laissez mijoter doucement pendant 1 h 30.

Déposez dans une petite casserole les échalotes restantes finement hachées, ajoutez le verre de vin. Laissez fondre sur feu doux et réduisez à consistance de purée humide. Versez dans la casserole le jus de cuisson dégraissé, la crème fraîche, et remuez bien.

Laissez réduire la préparation sans bouillir, jusqu'à ce qu'elle nappe la cuillère en bois. Incorporez au fouet le beurre restant, petits morceaux par petits morceaux, puis ajoutez la moutarde sans cesser de fouetter. Salez et poivrez. Couvrez et retirez du feu.

Sortez les jarrets de la cocotte, posez-les dans le plat de service bien chaud. À l'aide d'une écumoire, égouttez les légumes de cuisson et entourez la viande. Nappez les jarrets de sauce et servez aussitôt avec des pommes de terre vapeur.

Jarret de veau braisé, gratin de tomates et fenouil

Patrick Sébastien est un gastronome, il connaît les meilleurs restaurants du pays. J'ai fait appel à Jean-Marc Banzo, qui avait déjà œuvré pour la bouillabaisse de Julien Lepers. Il a réussi une merveille qui exige un conseil : ne vous lancez pas dans cette préparation si vous recevez des amis sans avoir essayé le plat au préalable. Cette préparation est celle d'un grand cuisinier, elle demande de l'attention et un suivi précis de la recette.

Ingrédients pour 6 personnes

1 jarret de veau (patte arrière) de 2 kg environ soigneusement dénervé et ficelé
2 os de veau concassés
Un peu d'huile d'olive
1 noix de beurre

Pour le bouillon de cuisson

1/2 bulbe de fenouil
3 gousses d'ail
2 feuilles de laurier
1 brin de thym
2 grains de genièvre
1 oignon blanc piqué de 1 clou de girofle
1 bouquet de persil
5 grains de poivre, gros sel
2 bâtons de fenouil frais

Pour le gratin

1 demi-oignon blanc émincé
1 gros bulbe de fenouil émincé
6 tomates bien mûres coupées en rondelles
2 gousses d'ail en pétale
Chapelure de pain
Parmesan râpé
Olives noires dénoyautées
Basilic frais
Câpres

Dans une cocotte ou un faitout haut, déposez le jarret. Mouillez à bonne hauteur d'eau froide, portez à ébullition, puis rincez la viande pour retirer les impuretés.

Pendant ce temps, faites colorer les os de veau. Pour cela, déposez les os dans une cocotte, arrosez d'huile d'olive et enfournez dans un four préchauffé à 220 °C (th. 7).

Réunissez tous les éléments de la garniture du bouillon, disposez le jarret, les os colorés, mouillez à hauteur d'eau fraîche et portez à frémissement pendant 2 heures environ.

Au terme de cette cuisson, égouttez le jarret et réservez 10 cl de bouillon. Séchez-le soigneusement avec un linge ou du papier absorbant. Faites-le colorer sur toutes ses faces dans une cocotte préalablement graissée avec de l'huile d'olive et une noix de beurre. Ajoutez la garniture du gratin : oignon, fenouil, tomates et ail. Mouillez avec 10 cl de bouillon de cuisson. Faites cuire au four à 170 °C (th. 5/6) pendant 1 heure.

Procédez au dressage. Dans un plat à gratin, disposez la garniture tout autour du jarret, saupoudrez de chapelure de pain et de parmesan râpé. Faites gratiner au four.

Avant de servir, ajoutez quelques olives noires dénoyautées, quelques feuilles de basilic frais émincées et quelques câpres. Servez aussitôt.

Recette du chef Jean-Marc Banzo
La Villa Madie – Avenue de Revestel, Anse de Corton – 13260 Cassis
Tél. : 04 96 18 00 00

Joues de porc en fricassée

Édouard Baer est le digne successeur de Jean Poiret ; il est brillant, drôle, inventif. Il connaît bien la cuisine et il est même actionnaire d'un restaurant. Son choix est typique de l'amateur. La joue de porc est un mets rare, peu connu. Grâce à cette recette, il s'est encore une fois montré très créatif. À préparer la veille ou le matin, et à réchauffer au dernier moment.

Ingrédients pour 8 personnes

16 joues de porc (1,6 kg)
4 carottes
2 gros oignons
1 cuillerée à soupe de moutarde forte
200 g de poitrine de porc fumée
2 cuillerées à soupe d'huile d'olive extra vierge
1 cuillerée à soupe de beurre
10 gousses d'ail
3 feuilles de sauge
50 cl de vin blanc sec
1 cuillerée à café de sel fin
1 vingtaine de tours de moulin à poivre

Lavez, épluchez, émincez grossièrement les carottes et les oignons. Caressez les joues de porc de moutarde forte de Dijon.

Dans une cocotte, faites revenir la poitrine de porc coupée en lardons de 2 cm de large environ. Retirez les lardons. Faites chauffer l'huile ; lorsqu'elle grésille, ajoutez le beurre, puis faites revenir les joues de porc. Quand elles sont bien dorées, retirez-les. Ajoutez les légumes ainsi que les gousses d'ail juste écrasées non épluchées et les feuilles de sauge. Faites suer à couvert pendant une dizaine de minutes. Ajoutez les joues de porc et les lardons, arrosez de vin blanc, remuez. Salez, poivrez. Portez à ébullition. Couvrez. Ramenez à petit bouillottement pendant 1 h 30. Vérifiez la cuisson et l'assaisonnement.

Servez avec des pommes sautées, un gratin dauphinois, une purée de lentilles ou de pois chiches.

Cocotte d'hiver

Danièle Thompson est la digne fille de son père, qui fut un de mes fidèles clients avec Michèle Morgan, à l'époque où j'exerçais le métier de restaurateur – j'ai bien écrit restaurateur et non pas cuisinier. Je lui ai concocté une sorte de potée aux choux très simple qui pourrait se réaliser dans un chaudron au feu de bois. Parmi toutes les recettes présentées à Vivement dimanche prochain*, c'est une de celles qui eut le plus grand succès auprès des téléspectateurs et des internautes.*

Ingrédients pour 6 personnes

6 saucisses de Toulouse
3 fines tranches de poitrine fumée
1 chou de Milan
1 cuillerée à soupe de bicarbonate de soude
4 carottes
3 pommes, fermes légèrement acidulées (genre belle de Boskoop)
1/2 boule de céleri-rave
1 cuillerée à soupe de graisse d'oie ou de saindoux
1/4 de litre de bouillon de bœuf ou de volaille
1 douzaine de grains de cumin
1 poignée de gros sel

Épluchez et lavez le chou feuille par feuille. Plongez les feuilles 2 minutes dans l'eau bouillante. Égouttez. Plongez les feuilles de chou entières dans 3 litres d'eau portée à ébullition, additionnée d'une poignée de gros sel et d'une cuillerée à soupe de bicarbonate de soude pendant 15 à 20 minutes.

Préchauffez le four à 180 °C (th. 6).

Rafraîchissez les feuilles de chou dans un récipient d'eau glacée. Égouttez.

Épluchez les carottes, les pommes et le céleri. Émincez à la mandoline, en tranches de 3 à 4 mm d'épaisseur. Faites fondre la matière grasse dans le fond d'une cocotte. Étalez sur la matière grasse fondue une première couche de 3 à 4 feuilles de chou. Étalez les tranches de céleri sur les feuilles de chou, puis les tranches de pommes, et enfin les tranches de carottes. Parsemez les carottes de la moitié des grains de cumin. Posez soigneusement les saucisses de Toulouse, puis les tranches de poitrine fumée sur cette couche de carottes ; recouvrez d'une couche de céleri, puis de pommes, de carottes, le reste de cumin et des feuilles de chou restantes. Arrosez du bouillon de bœuf ou de volaille. Fermez la cocotte avec son couvercle, enfournez et laissez cuire 1 h 30.

Servez dans la cocotte.

Le petit plus

Passez les restes de la recette au mixeur avec le jus et les saucisses de Toulouse. Versez dans la cocotte. Ajoutez du bouillon de volaille ou de bœuf (du commerce si vous n'en avez pas). Portez à ébullition. Servez avec des croûtons de pain.

Langue de veau ou de bœuf

Francis Perrin est un homme délicieux, courageux. Acteur, metteur en scène, écrivain, il a tous les talents. Son combat en faveur des enfants autistes est admirable. Il sait de quoi il parle. Il aime la tripaille et la charcuterie, cela l'honore.

Ingrédients pour 6 personnes

1 langue de bœuf de 2 kg net ou 2 langues de veau
1 oignon piqué de 2 clous de girofle
1 branche de céleri
1 bouquet de persil
1 brindille de thym
1 feuille de laurier
6 poireaux
6 carottes
3 navets
Sel fin, poivre du moulin

Faites dégorger la langue sous un filet d'eau froide pendant 12 heures environ.

Posez-la dans un faitout et recouvrez largement d'eau froide. Portez à ébullition. Écumez jusqu'à ce que les impuretés qui remontent à la surface aient disparu. Ajoutez l'oignon piqué, la branche de céleri, le persil, le thym, le laurier et la partie verte des poireaux ficelée. Salez, poivrez. Maintenez le bouillottement à découvert, pendant 3 heures pour la langue de bœuf et 2 heures pour les langues de veau.

Près de 45 minutes avant la fin de la cuisson des langues, ajoutez les carottes et les navets. Vingt minutes avant la fin de la cuisson, ajoutez les poireaux, dont il ne reste que le blanc et le vert tendre, ficelés en bottillons.

Lorsque la cuisson est terminée, retirez la langue avec une écumoire et posez-la sur une planche. Retirez également les légumes et disposez-les dans un plat creux et chaud. À l'aide d'un petit couteau, enlevez la grosse peau qui entoure la langue. Si la langue est cuite à point, l'opération devrait se faire facilement. Accompagnez de sauce gribiche (voir recette p. 239).

Suggestions

Les langues peuvent se cuire la veille pour le lendemain. Il faudra seulement prendre soin de les peler à chaud et de les emballer dans un papier d'aluminium. La texture de la viande est telle qu'il y a peu de risques qu'elle sèche. Il suffit de la réchauffer au four le lendemain, nappée de la sauce qu'on aura choisie.

Lapin à la moutarde

Dominique Strauss-Kahn fut l'invité principal de l'émission, mais son épouse Anne Sinclair me fit savoir qu'il cuisinait et que sa spécialité était le lapin à la moutarde. Nous l'avons réalisé pour lui faire plaisir.

À commencer la veille

Ingrédients pour 4 personnes

1 lapin de 1,4 kg
3 cuillerées à soupe + 1 cuillerée à café de moutarde
100 g de crépine de porc (appelée aussi « pochette »)
1 brindille de thym en fleurs
1 gros oignon
1 cuillerée à soupe d'huile d'olive extra vierge
2 cuillerées à soupe de beurre
3 gousses d'ail
1 pot de crème fraîche liquide
Sel fin, poivre du moulin

Faites découper le lapin en morceaux au couteau par le volailler. Gardez le foie.
La veille, salez, poivrez tous les morceaux, à l'exception du foie, et badigeonnez à l'aide d'un pinceau de 3 cuillerées de moutarde forte, avant de les envelopper séparément dans les lambeaux de crépine. Saupoudrez légèrement de fleur de thym et mettez au réfrigérateur toute la nuit.

Le lendemain, préchauffez le four à 180 °C (th. 6). Coupez finement l'oignon, répandez-le dans la lèchefrite. Posez dessus, à même la lèchefrite, les morceaux de lapin arrosés de quelques gouttes d'huile, les noix de beurre et les gousses d'ail coupées en deux mais non pelées. Mettez au four 20 minutes. Retournez les morceaux et laissez cuire encore une vingtaine de minutes. Vérifiez la cuisson à l'aide de la pointe d'un couteau. Ajoutez le foie du lapin 8 minutes avant la fin.

Sortez les morceaux de lapin, rangez-les dans une cocotte fermée et mettez la cocotte au four à 90 °C (th. 3) pour les maintenir au chaud.

Versez un grand verre d'eau dans la lèchefrite. Décollez les sucs. Versez dans une casserole et faites réduire jusqu'à évaporation de l'eau. Ajoutez la crème, laissez bouillir quelques minutes pour faire épaissir la sauce et la lier. Passez au travers d'une passoire fine au-dessus d'une casserole. Ajoutez 1 cuillerée à café de moutarde forte et fouettez pour assurer la liaison crème-moutarde. Sortez la cocotte du four. Versez la sauce sur le lapin, laissez bouillotter à feu doux quelques minutes.

Servez avec les pommes de terre sautées bien croustillantes.

Lapin aux pruneaux à la flamande

Encore une émission chorale. Le lapin est un mets généralement apprécié des tziganes. Je l'ai préparé aux pruneaux, une recette sucrée-salée qui n'a pas eu l'air de leur déplaire.

Ingrédients pour 6 personnes

1 lapin de 1,5 à 1,8 kg en morceaux (avec le foie)
100 g de foie de porc
150 g de poitrine de porc fumée
500 g de pruneaux d'Agen
35 cl de vin blanc moelleux (cadillac ou monbazillac)
1 gousse d'ail
3 oignons
70 g de beurre
1 cuillerée à soupe d'huile d'olive extra vierge
15 g de farine
1 bouquet garni (thym, laurier)
Sel fin, poivre du moulin

Faites tremper les pruneaux dans 35 cl de vin blanc moelleux pendant 1 heure.

Épluchez l'ail et les oignons. Coupez l'ail en quatre et émincez les oignons.

Dans une cocotte, mettez 50 g de beurre, l'huile d'olive, et faites chauffer à feu moyen, puis ajoutez la poitrine fumée coupée en dés. Après 5 minutes, ajoutez les morceaux de lapin, faites-les dorer, puis ajoutez la farine, les oignons et l'ail. Remuez et laissez cuire 5 minutes. Versez 30 cl d'eau tiède dans la cocotte. À ébullition, ajoutez le bouquet garni et les pruneaux. Salez, poivrez et laissez mijoter pendant 1 heure.

Pendant ce temps, mixez le foie du lapin avec le foie de porc et les 20 g de beurre. À la fin de la cuisson, mélangez-les hors du feu à la sauce, servez.

Lasagnes à la bolognaise

Dans sa jeunesse, Jacques Perrin a beaucoup tourné en Italie, il a sans doute dû se rappeler les heureux moments passés chez nos voisins. Il a le mérite d'être devenu un très grand producteur, courageux, sachant prendre des risques.

Ingrédients pour 8 à 12 personnes

6 feuilles de lasagne
50 cl de sauce bolognaise (ci-dessous)
50 cl de béchamel (ci-dessous)
60 g de fromage râpé (parmesan de préférence)

Pour la sauce bolognaise

500 g de collier de bœuf
500 g de gorge de porc
2 carottes
2 oignons
1 branche de céleri
1 cuillerée à soupe de saindoux
3 cuillerées à soupe de beurre
1 verre de vin blanc, ou rouge
35 cl de bouillon de volaille ou de bœuf
3 cuillerées à soupe de concentré de tomates
1 cuillerée à café de sel
4 tours de moulin à poivre

Pour la béchamel

1/2 litre de lait entier
3 jaunes d'œufs + 1 œuf entier
50 g de beurre
1 cuillerée à soupe de crème fraîche
50 g de farine
1 pincée de noix de muscade râpée (ou en poudre)
Sel fin, poivre du moulin

Faites hacher par le boucher - grille moyenne - le bœuf et le porc. Épluchez les carottes, les oignons, le céleri en branches, lavez et coupez en petits morceaux ou passez grossièrement au mixeur.

Dans une cocotte, faites chauffer le saindoux et le beurre, ajoutez les légumes, laissez suer à couvert 5 minutes sur feu doux. Ajoutez les viandes hachées, mélangez bien et laissez rissoler 5 minutes à feu moyen. Versez le vin. Délayez les deux tiers du bouillon avec le concentré de tomates. Mélangez à la sauce. Salez, poivrez. Laissez cuire doucement 1 heure à découvert. Remuez de temps en temps en grattant le fond de la cocotte, afin que la viande n'attache pas et, si des petites boules se forment, écrasez-les avec le dos d'une cuillère. Après 50 minutes de cuisson, complétez avec le reste du bouillon et rectifiez l'assaisonnement, puis poursuivez la cuisson 10 minutes supplémentaires.

Préparez la béchamel. Mettez dans une casserole le lait, les jaunes d'œufs, le beurre, la farine, la muscade ; chauffez sur feu moyen, sans cesser de remuer à l'aide d'un fouet jusqu'à ébullition ; rectifiez l'assaisonnement. Enrichissez la préparation avec la crème et l'œuf entier mélangés.

Préchauffez le four à 150 °C (th. 5).

Beurrez un plat à gratin de 24 cm de long, nappez le fond de sauce bolognaise, puis alternez les couches de lasagnes, de béchamel et de bolognaise. Terminez la dernière couche par une couche bien épaisse de bolognaise, puis de béchamel. Saupoudrez de 60 g de fromage râpé (parmesan de préférence). Mettez le plat dans le four pour 40 minutes. Servez quand la partie supérieure est dorée et croustillante.

Suggestions

Ce plat peut se préparer à l'avance et se cuire comme indiqué ci-dessus, ou, si les lasagnes sont déjà cuites, se réchauffer au bain-marie, le plat recouvert d'une feuille de papier d'aluminium.

La sauce bolognaise se conserve 2 ou 3 jours dans la partie haute du réfrigérateur, la plus froide, dans un récipient couvert d'un film alimentaire. Vous pouvez remplacer le porc par le même poids de veau.

Magret de canard aux figues fraîches et aux épices

Jean-Baptiste Maunier est le jeune héros du grand film de Gérard Jugnot Les Choristes. *Il était très jeune quand il est venu dans l'émission. Ses parents nous ont confié qu'il aimait le magret de canard ; bonne occasion de lui faire plaisir.*

Ingrédients pour 4 personnes

- 2 magrets de canard (600 g environ)
- 600 g de figues violettes, calibrées
- 100 g de sucre semoule
- 1/2 bouteille de vin rouge un peu corsé
- 1/2 cuillerée à café de poivre en grains
- 1/2 cuillerée à café de graines de coriandre
- 1 clou de girofle
- 1 fleur de badiane (anis étoilé)
- 1/2 gousse de vanille
- Sel fin, poivre du moulin

Dans l'idéal, apprêtez les figues 3 jours à l'avance. Dans une casserole, faites fondre à feu doux le sucre dans le vin rouge, avec les épices : poivre en grains, coriandre, clou de girofle, badiane et vanille. Passez les figues sous l'eau fraîche, égouttez-les. Piquez chaque fruit avec une fourchette. Déposez les figues dans un récipient. Arrosez avec la marinade. Couvrez et laissez macérer au frais.

Préchauffez le four à 180 °C (th. 6). Égouttez et rangez les figues dans un plat à gratin. Faites réduire de moitié la marinade sur feu vif, puis filtrez à travers une passoire fine pour retenir les épices. Versez sur les figues. Mettez au four 30 minutes afin de glacer les fruits d'un voile brillant. Dans une cocotte en fonte à fond épais, faites cuire les magrets 6 minutes du côté peau, puis retournez-les et laissez cuire 3 minutes de l'autre côté. Assaisonnez. Couvrez la cocotte. Laissez reposer 5 minutes hors du feu. Égouttez les magrets avant de les trancher dans le sens de la largeur.

Servez sur assiettes les escalopes de canard entourées de figues bien chaudes. Arrosez avec un peu du jus de cuisson des figues.

Suggestion

S'il reste des figues, gardez-les quelques jours au réfrigérateur dans leur sirop de cuisson, pour un prochain dessert. La demi-gousse de vanille, passée à l'eau et séchée, puis glissée dans la boîte à sucre, le parfumera agréablement.

Morceaux de filet de bœuf charolais et sauce sirupeuse au vin de Saint-Amour aux épices douces, quartiers de poires rôties aux échalotes et kashmiri massala

Pour une émission spéciale consacrée à la Saint-Valentin, j'ai pensé faire appel à Cyril Laugier, dont l'Auberge du Paradis est située à Saint-Amour. Évident, non ? Il est sûrement le chef le plus doué de sa génération pour préparer des plats originaux en manipulant avec suavité les épices les plus rares. Épices, Saint-Valentin, Saint-Amour, la boucle était fermée.

Ingrédients pour 2 personnes

300 g de filet de bœuf charolais ou de poire
1 poire française
4 échalotes épluchées
1 bouteille de vin rouge de Saint-Amour
70 g de sucre en poudre
1 bâton de cannelle de 10 cm environ
5 graines de cardamome verte
4 étoiles de badiane
1 gousse de vanille
5 graines de poivre de la Jamaïque
Fleur de sel et poivre du moulin
Huile d'olive pour la poêle (bœuf, poires et échalotes)
2 pincées de kashmiri massala ou à défaut quelques gouttes de Tabasco

Coupez le filet de bœuf en cubes réguliers d'environ 2,5 cm pour obtenir 6 morceaux par personne et faites une brochette avec une pique en bois.

Épluchez les poires et les échalotes, coupez les poires en quatre et ciselez les échalotes. Dans une casserole, versez le vin, portez à ébullition, puis flambez et ajoutez les épices (sauf le kashmiri massala). Faites bouillir et réduire le vin pendant 40 minutes jusqu'à obtenir la consistance d'un sirop. Filtrez et réservez tiède.

Faites chauffer la poêle avec un peu d'huile, faites cuire les brochettes de bœuf à convenance. Rôtissez les poires dans une poêle à revêtement antiadhésif avec un peu d'huile et une noix de beurre, puis faites sauter les échalotes bien colorées. Salez et poivrez le tout.

Posez la viande sur le bas de l'assiette, au-dessus croisez 2 quartiers de poires et un peu d'échalotes, ajoutez une très petite pincée de kashmiri massala (mélange d'épices assez relevé). Arrosez la brochette d'une cuillerée de sauce au vin d'épices, quelques grains de fleur de sel.

Recette du chef Cyril Laugier

Auberge du Paradis – Le Plâtre-Durand – 71570 Saint-Amour-Bellevue
Tél. : 03 85 37 10 26

Moussaka d'aubergines

Nana Mouskouri et moi nous sommes rencontrés pour la première fois sur le marché d'Athènes, lorsque je tournais pour Canal + « Les marchés d'Europe ». Voir une icône de la chanson grecque déambuler dans les marchés de sa capitale est un souvenir inoubliable. Pour son premier Vivement dimanche prochain *en ma présence, elle a évidemment choisi le grand plat traditionnel de son pays natal.*

Ingrédients pour 6 personnes

8 aubergines longues, fermes, brillantes
800 g d'agneau maigre, épaule par exemple (à faire hacher par le boucher si l'on ne possède pas de hachoir soi-même)
3 cuillerées à soupe de beurre
3 louches de coulis de tomates (ou voir recette p. 68)
3 oignons
Thym
Sel fin, poivre du moulin

Préparez le coulis de tomates.

Pelez et coupez les aubergines en tranches de 1 cm d'épaisseur dans le sens de la longueur. Dans une poêle, mettez une partie du beurre. Dès qu'il est doré, ajoutez les tranches d'aubergine. Faites dorer sur chaque face l'ensemble des tranches. Dans une autre poêle, faites dorer les oignons hachés dans le beurre et couvrez-les jusqu'à ce qu'ils deviennent transparents. Montez la puissance du feu, ajoutez la viande hachée, faites dorer en remuant. Ajoutez le coulis de tomates, le thym, le sel, le poivre. Mélangez et laissez mijoter à couvert pendant 20 minutes.

Allumez le four, à 250 °C (th. 8). Beurrez un plat à gratin. Posez une couche de tranches d'aubergine dans le fond du plat. Étalez une couche de viande hachée tomatée. Couvrez d'une autre couche d'aubergines et ainsi de suite jusqu'à épuisement des ingrédients. Mettez le restant du beurre dans la poêle de cuisson des aubergines. Laissez fondre à feu doux. Grattez et arrosez le plat à gratin de ce beurre. Mettez au four pendant 25 minutes, puis 5 minutes sous le gril pour faire gratiner.

Servez dans le plat de cuisson soit en entrée, soit en plat de résistance.

Suggestion

Ce plat peut se préparer la veille et se réchauffer doucement au four, la surface recouverte d'un papier d'aluminium.

Navarin d'agneau aux haricots frais

Charles Aznavour aime les haricots frais. Quoi de plus simple, à la saison, de lui préparer un navarin d'agneau (petit de la brebis et du mouton), dont la viande est plus tendre et moins forte que celle du mouton. J'ai cuisiné ce plat avec l'huile d'olive que produit Charles Aznavour ; huile magnifique, parfumée que l'on peut trouver dans les bonnes maisons.

Ingrédients pour 8 personnes

2 kg de viande de mouton répartis dans la poitrine, le collet et les basses côtes (demandez au boucher de découper des morceaux d'environ 70 g chacun)
1 cuillerée à café de sucre en poudre
80 g de beurre
4 cuillerées à soupe d'huile d'olive
50 g de farine
1 litre de bouillon de volaille
3 tomates
1 bouquet garni
3 gousses d'ail
2 cuillerées à soupe de concentré de tomates
2 oignons
Sel fin, poivre du moulin

Pour les haricots

3 kg de haricots frais non écossés pour obtenir environ 900 g (on peut choisir des haricots frais verts, des chevriers d'Arpajon ou des haricots blancs)
1 gros bouquet garni
1 gros oignon blanc
1 clou de girofle
2 carottes moyennes
1/2 branche de céleri
1 gousse d'ail
3 belles cuillerées à soupe de beurre
3 belles cuillerées à soupe de persil (gardez les queues pour le bouquet garni)
Sel fin, poivre du moulin

Salez, poivrez, sucrez chaque morceau de viande. Mettez le beurre et l'huile à chauffer dans une cocotte en fonte. Quand elle grésille, ajoutez la viande. Faites-la rissoler de tous côtés. Jetez la graisse de cuisson. Farinez les morceaux de viande. Laissez roussir pour cuire la farine. Ajoutez le bouillon, les tomates pelées, épépinées, le bouquet garni, les gousses d'ail légèrement écrasées, le concentré de tomates et les oignons. Rectifiez l'assaisonnement en sel et en poivre. Faites partir à ébullition et laissez bouillotter doucement, à feu doux, pendant 1 h 30.

Pendant ce temps, mettez les haricots écossés dans une cocotte. Couvrez largement d'eau froide. Allumez le feu. Portez à ébullition. Écumez si nécessaire. Ajoutez le bouquet garni, l'oignon coupé en quatre, le clou de girofle, les carottes coupées en quatre dans le sens de la longueur, le céleri, la gousse d'ail écrasée. Comptez environ 30 minutes de cuisson, à feu moyen et à découvert. Salez seulement en fin de cuisson. Égouttez, ajoutez le beurre, vérifiez l'assaisonnement, ajoutez l'agneau, mélangez, et saupoudrez de persil plat haché.

Navarin de mouton

Quelle belle et grande actrice, simple, cuisinière émérite, maîtresse de maison accomplie. Micheline Presle sait qu'un plat traditionnel de la cuisine bourgeoise est apprécié ; en choisissant ce navarin de mouton, plat d'hiver par excellence, elle a démontré son savoir-faire.

Ingrédients pour 8 personnes

2 kg de viande de mouton répartis dans la poitrine, le collet et les basses côtes (demandez à votre boucher de découper des morceaux d'environ 70 g chacun)
80 g de beurre et 4 cuillerées à soupe d'huile d'arachide
ou 120 g de saindoux ou de graisse d'oie
1 cuillerée à soupe de sucre en poudre
50 g de farine
1 litre de consommé (bœuf ou volaille)
3 tomates fraîches
1 bouquet garni
3 gousses d'ail
2 cuillerées à soupe de concentré de tomates
2 oignons
8 pommes de terre à chair ferme
Sel fin, poivre du moulin

Salez, poivrez, sucrez chaque morceau de viande.

Mettez la graisse choisie à chauffer dans une cocotte en fonte. Quand elle grésille, ajoutez les morceaux de viande. Faites rissoler de tous côtés. Jetez la graisse de cuisson. Ajoutez la farine sur les morceaux de viande. Laissez roussir pour cuire la farine. Ajoutez le consommé, les tomates, le bouquet garni, les gousses d'ail légèrement écrasées, le concentré de tomates et les oignons. Rectifiez l'assaisonnement. Faites partir à ébullition et laissez bouillotter doucement, à feu doux, pendant 1 heure dans le four.

Au bout d'une heure, ajoutez les pommes de terre épluchées et calibrées. Laissez cuire 45 minutes. Les pommes de terre doivent rester intactes. Faites un peu réduire. Selon le degré d'intimité avec les invités, vous pouvez servir dans le plat de cuisson.

Navets farcis au confit d'oie ou de canard

Comment surprendre Arthur, animateur, brillant et show-man ? Pas facile. Je me suis souvenu d'une recette que je servais dans un de mes restaurants, il a semblé apprécier.

Ingrédients pour 6 personnes

18 navets de 4 à 5 cm de diamètre
2 cuisses de canard ou d'oie confites (réservez la graisse du confit)
1 petite botte de ciboulette
2 cuillerées à soupe de beurre
2 cuillerées à soupe de sucre en poudre ou de cassonade
Sel fin, poivre du moulin

Épluchez les navets. Lavez-les et cuisez-les à l'eau bouillante salée une vingtaine de minutes. Rafraîchissez-les à l'eau froide. À l'aide d'une cuillère à café ou idéalement une cuillère parisienne, évidez les navets sans les percer. Conservez la pulpe.

Désossez les cuisses de confit, hachez-les, grille moyenne. Ajoutez la pulpe des navets passée à la grille fine du moulin à légumes et la ciboulette hachée finement. Salez, poivrez. Garnissez abondamment les navets de cette farce.

Dans un plat à gratin, tartinez de beurre et de graisse d'oie. Rangez les navets farcis. Couvrez d'un papier d'aluminium. Mettez au four à 200 °C (th. 7), pour 20 minutes.

Arrosez une ou deux fois de jus de cuisson. Allumez le gril au bout de 20 minutes. Sur chaque navet, déposez une petite pincée de sucre et laissez caraméliser quelques instants avant de servir avec une salade croquante.

Suggestion

Vous pouvez remplacer le confit par un reste de gigot ou de volailles. Le principe reste le même.

Oignons farcis

Cette recette complète celles des aubergines farcies *(voir p. 123)**, des courgettes farcies* *(voir p. 160)* *et des poivrons farcis* *(voir p. 210)**.*

Ingrédients pour 2 à 4 personnes

4 oignons bien ronds
1 poignée de mie de pain
1 cuillerée à soupe de lait
150 g de petit salé
2 jaunes d'œufs
1 gousse d'ail
4 cuillerées à soupe de persil haché
Chapelure
Sel fin, poivre du moulin

Épluchez les oignons puis plongez-les 10 minutes dans l'eau frémissante. Égouttez. Laissez refroidir.

Commencez votre farce pendant ce temps-là. Émiettez la mie de pain et trempez-la dans le lait. Mélangez ensuite dans une terrine le petit salé finement haché, la mie de pain émiettée, les jaunes d'œufs, la gousse d'ail écrasée et le persil haché menu. Salez, poivrez.

Préchauffez le four à 180 °C (th. 6).

À l'aide d'un petit couteau pointu, creusez habilement les oignons de façon à laisser 1 cm d'épaisseur de pourtour. Écrasez grossièrement la chair recueillie à la fourchette et mélangez-la au reste de la farce. Remplissez les oignons de farce, puis posez-les dans un plat à gratin. Saupoudrez de chapelure, ajoutez sur chaque oignon farci quelques gouttes d'huile ou un morceau de beurre et faites cuire pendant 30 minutes.

Omelette aux coquillettes

Il faut savoir quelquefois surprendre ses invités avec des recettes modestes et simples quand on a affaire à un homme qui présente les mêmes qualités. Là encore, c'est un plat de restriction. Ma grand-mère me le préparait pendant la guerre, souvent sans poitrine de porc, faute d'en trouver. Jean-Marie Bigard a été convaincu.

Ingrédients pour 6 personnes

2 gros oignons
1 cuillerée à soupe d'huile
200 g de poitrine de porc non fumée
3 cuillerées à soupe de beurre
50 g de coquillettes préalablement cuites dans 2 litres d'eau avec une poignée de gros sel
12 œufs entiers
4 à 5 branches de persil plat
100 g de fromage râpé
1 pointe de couteau de noix de muscade râpée
2 gousses d'ail
3/4 d'un pot de crème fraîche légère
Sel fin, poivre du moulin

Dans une poêle, faites revenir les oignons coupés en petits morceaux dans un peu d'huile. Lorsque les oignons sont bien blonds, ajoutez la poitrine de porc coupée en petits dés et faites rissoler pendant 2 minutes. Ajoutez ensuite le beurre, puis les coquillettes pour les réchauffer. Réservez.

Dans un saladier, cassez les œufs, salez, poivrez, et battez-les. Ajoutez le persil, le fromage râpé, la noix de muscade, l'ail cru écrasé, puis la crème fraîche, mélangez bien le tout. Enfin, versez le mélange oignons, poitrine de porc et coquillettes. Mélangez.

Faites chauffer la poêle ; lorsqu'elle est chaude, versez le tout. Avant de tourner l'omelette (ronde à l'espagnole), ajoutez du persil. Laissez quelques instants sur le feu, puis servez.

Ossu bucco

Bruno Wolkowitch a voulu honorer sa maman, dont il apprécie l'osso bucco. J'ai exécuté scrupuleusement la recette.

Ingrédients pour 4 personnes

4 morceaux de jarret de veau (dans la partie centrale du jarret) d'environ 3 cm d'épaisseur
2 cuillerées à soupe d'huile d'arachide
2 oignons
3 cuillerées à soupe rase de farine
1 verre de vin blanc sec (15 cl)
1 bouillon de volaille ou de bœuf délayé dans 3 verres d'eau chaude
4 gousses d'ail sans germe
1 bouquet garni
1 petite boîte de concentré de tomate
6 tomates
Sel fin, poivre du moulin

Dans une cocotte, mettez à chauffer les 2 cuillerées à soupe d'huile d'arachide. Dès que l'huile commence à fumer, ajoutez les oignons grossièrement hachés, faites-les fondre et cuire à couvert jusqu'à obtenir une belle couleur dorée. Retirez et réservez.

Posez dans le fond de la cocotte les tranches de jarret salées et farinées. Faites dorer de tous côtés. Ajoutez les oignons, le verre de vin blanc sec, le bouillon, l'ail et le bouquet garni. Portez à ébullition à découvert. Rectifiez l'assaisonnement. Baissez le feu et laissez mijoter 1 bonne heure à couvert.

Après 1 heure de cuisson, ajoutez le concentré de tomates délayé dans le jus et laissez mijoter à couvert 1 heure encore. Ajoutez les tomates fraîches pelées, épépinées, coupées en gros tronçons, et faites cuire 20 minutes.

Servez avec des spaghettis *al dente*.

Pâté ou gâteau de pommes de terre

Refaire le plat qu'un invité fait généralement lui-même est une gageure. Aussi difficile qu'une recette réalisée par une maman... Les souvenirs sont incontournables. J'ai tenté de faire un gâteau de pommes de terre pour Hervé Vilard. Il est poli, je ne suis pas certain de l'avoir convaincu que le mien était différent ou meilleur que le sien.

Ingrédients pour 6 personnes

1,2 kg de pommes de terre à chair ferme (belle de Fontenay, charlotte ou pompadour)
1 pâte brisée du commerce
Un peu de noix de muscade râpée
1 jaune d'œuf
250 g de crème fraîche liquide
Sel fin, poivre du moulin

Préchauffez le four à 180 °C (th. 6).

Étalez et garnissez une tourtière avec la pâte brisée. Épluchez les pommes de terre, coupez-les à la mandoline en tranches très fines (comme pour un gratin dauphinois). Lavez abondamment à l'eau fraîche à plusieurs reprises, pour bien éliminer l'amidon. Essuyez méticuleusement les pommes de terre dans un torchon. Dans un saladier, salez, muscadez, et poivrez généreusement. Mélangez les pommes de terre afin de les imprégner des épices. Étalez les rondelles par couches dans la tourtière. Faites un couvercle avec le reste de la pâte. Soudez les bords à l'eau ou au jaune d'œuf. Faites une cheminée au centre du gâteau.

Mélangez le jaune d'œuf avec un peu d'eau. Avec un pinceau, passez-le sur le couvercle du gâteau. Avec une fourchette, laissez libre court à vos talents de dessinateur.

Après une demi-heure de cuisson, décalottez le couvercle du gâteau, versez la crème fraîche liquide, assaisonnée de sel et de poivre. Posez le couvercle, mettez au four pour 5 minutes. Passez à table et mangez ce gâteau de pommes de terre chaud ou froid avec une salade croquante, légèrement aillée.

Pintade rôtie en cocotte

Pas facile à séduire, Pascal Sevran... il aimait les volailles de ferme. Mes amis du Cros de la Géline en produisaient de magnifiques : 2,8 kg, volailles de plein air, élevées au grain. Je ne suis pas sûr de lui avoir rappelé sa grand-mère, mais il m'a dit avoir apprécié.

Ingrédients pour 4 personnes

1 belle pintade de 2,2 kg (avec le foie)
1 cuillerée à soupe d'huile
1 cuillerée à soupe de beurre, ou de graisse d'oie ou de canard
3 gousses d'ail
1 brindille de thym ou de romarin
Sel fin, poivre du moulin

Pour la farce

2 petits-suisses nature
1 pomme à chair ferme et acide (ou un citron)

La veille, assaisonnez l'intérieur et l'extérieur de la pintade de sel et de poivre. Emballez la volaille dans un film alimentaire et réservez au réfrigérateur.

Sortez-la à température ambiante 1 heure avant de cuisiner. Farcissez la pintade avec les deux petits-suisses, mélangés avec le foie grossièrement haché et une pomme coupée en dés ou un citron détaillé en quartiers.

Préchauffez le four à 230 °C (th. 7/8).

Badigeonnez la pintade avec un peu d'huile. Faites chauffer dans une cocotte 1 cuillerée à soupe de beurre (ou graisse d'oie ou canard). Faites dorer la volaille à feu doux, 5 à 7 minutes sur chaque face, avec les 3 gousses d'ail en chemise légèrement écrasées et une brindille de thym ou de romarin. Quand la pintade a pris de la couleur, couvrez et maintenez la cuisson à couvert 30 minutes, en la retournant et en l'arrosant fréquemment, car la chair a tendance à se dessécher. Retirez la pintade du four, détachez les cuisses et remettez-les dans la cocotte couverte pour 5 minutes supplémentaires. Emballez la carcasse dans une feuille double de papier d'aluminium, pour la maintenir au chaud, et si possible dans un sac isotherme. Supprimez la matière grasse de cuisson, remplacez par un grand verre d'eau, grattez et déglacez les sucs. Laissez réduire de moitié à bon feu, rectifiez l'assaisonnement. Découpez la pintade.

Servez avec le jus en saucière et de la choucroute, des choux de Bruxelles, des petits pois à la française ou la garniture traditionnelle, les pommes cocotte grand-mère (voir recette p. 77).

Nota bene

Certains volaillers et bouchers ont la mauvaise habitude de barder la pintade de lard gras ; une crépine est mieux adaptée : tout en protégeant la chair, elle a l'avantage de fondre durant la cuisson.

Poivrons farcis

Cette recette complète celles des aubergines farcies (voir p. 123) et des courgettes farcies (voir p. 160).

Ingrédients pour 6 personnes

3 poivrons verts
6 gros poivrons rouges, de forme arrondie si possible
150 g de riz
100 g de petit salé
1 gousse d'ail
1 gros oignon
1 cuillerée à café de basilic frais haché
3 cuillerées à soupe d'huile d'olive extra vierge
50 g de fromage râpé (gruyère ou parmesan)
2 œufs entiers
Sel fin, poivre du moulin

Faites noircir et griller la peau des poivrons verts. Laissez-les ensuite refroidir à couvert, ils se pèleront d'autant plus facilement. Pendant ce temps, faites cuire le riz dans une casserole d'eau bouillante salée.

Lavez et essuyez les poivrons rouges. Découpez ensuite un rond autour du pédoncule et conservez-le. Videz les poivrons de toutes leurs graines. Hachez menu le petit salé, l'ail, l'oignon et le basilic (ne le mélangez pas aux autres ingrédients).

Préchauffez le four à 180 °C (th. 6).

Retirez la peau des poivrons verts et ouvrez-les en deux pour supprimer les graines. Écrasez la chair très grossièrement. Faites revenir 6 à 7 minutes l'ail, l'oignon, le petit salé et la chair des poivrons verts, avec l'huile d'olive, dans une poêle à feu moyen. Mouillez avec 2 ou 3 cuillerées à soupe d'eau. Retirez du feu et versez dans un saladier. Ajoutez le riz bien égoutté, le fromage râpé, le basilic haché et les œufs entiers. Assaisonnez, puis mélangez bien la farce.
Répartissez la farce dans chacun des poivrons rouges. Déposez-les dans un plat à gratin huilé. Couvrez chaque poivron de son chapeau pour 30 minutes environ.

Polpo alla luciana

Pour une émission spéciale Italie, il fallait un chef italien et un plat populaire napolitain. J'ai évidemment pensé à mon cher Vittorio Beltramelli du restaurant Le Nolita. Cette recette est toujours préparée dans les vieux quartiers de Naples, où l'on y sert le bouillon de cuisson du poulpe.

Ingrédients pour 4 personnes

1 poulpe de roche de 1,5 kg
2 oignons
6 feuilles de laurier
5 carottes
8 mini-poireaux
6 grosses pommes de terre
2 litres de vin blanc
6 tomates Olivette
1 branche de céleri
5 grains de poivre
1 pincée de gros sel
Sel fin, poivre du moulin
Huile d'olive extra vierge

Faites frapper le poulpe par votre poissonnier pour qu'il soit bien tendre. Dans une casserole, versez 3 litres d'eau et les 2 litres de vin blanc, ajoutez 5 grains de poivre, un oignon coupé en deux, une carotte coupée en deux, une branche de céleri coupée en quatre, une pincée de gros sel, trois feuilles de laurier et pour finir le poulpe. Portez à ébullition et faites cuire 1 h 30 environ.

Pendant ce temps, coupez les carottes en biseaux de 1 cm d'épaisseur, les pommes de terre en cubes et les mini-poireaux en deux. Faites-les cuire dans de l'eau salée pendant 5 minutes.

Coupez l'oignon en julienne et faites fondre dans une casserole avec 2 cuillerées à soupe d'huile d'olive. Ajoutez les tomates coupées en gros morceaux. Salez, poivrez, et laissez cuire pendant 20 minutes. Ajoutez 10 cl d'eau de cuisson du poulpe et passez le tout au chinois fin. Retirez le poulpe de l'eau et coupez-le en quatre. Versez dans le plat le coulis de tomates et posez le poulpe dessus. Terminez avec les cinq biseaux de carottes, les cinq cubes de pomme de terre et les quatre demi-poireaux. Décorez avec trois feuilles de laurier et servez.

Recette du chef Vittorio Beltramelli

Restaurant Le Nolita – 2, rond-point des Champs-Élysées – 75008 Paris
Tél. : 01 53 75 78 78

Pommes de terre des vendangeurs

Tout comme les plats d'enfance, les plats de grands chefs sont souvent difficiles à réussir, même s'ils se veulent volontiers simples et populaires. Gérard Lenorman, parfait gastronome et maître de maison, voulait que je lui exécute une recette du grand maître Joël Robuchon. Il était à l'étranger, j'ai osé. Heureusement, la recette était très simple, facile à réaliser, tout le monde sur le plateau a semblé apprécier.

Ingrédients pour 6 personnes

1,2 kg de pommes de terre à chair ferme (belle de Fontenay)
200 g de poitrine fumée en tranches fines
150 g de poitrine demi-sel en tranches fines
100 g de gruyère fraîchement râpé
50 g de beurre + pour la cocotte
Sel fin, poivre du moulin

Préchauffez le four à 210 °C (th. 7).

Épluchez les pommes de terre, coupez-les en rondelles de 3 mm d'épaisseur, lavez-les et essuyez-les dans un torchon.

Beurrez l'intérieur de la cocotte, puis tapissez le fond et les parois de tranches de poitrine fumée en les faisant déborder à l'extérieur. Disposez par couches successives les pommes de terre, le gruyère râpé et les tranches de poitrine demi-sel, poivrez, et recommencez l'opération jusqu'à épuisement des ingrédients. Rabattez les tranches de poitrine fumée sur la préparation et déposez les 50 g de beurre en petits morceaux. Recouvrez d'une feuille d'aluminium, puis du couvercle, et enfournez pour 1 h 30. Retirez la cocotte du four, laissez reposer 15 minutes avant de passer une lame de couteau tout autour pour décoller la poitrine fumée du récipient.

Démoulez sur un plat et servez avec une salade croquante.

Pommes de terre farcies au beurre

Manuel Valls, actuel ministre de l'Intérieur, a fait un travail éminent dans les cantines scolaires de la ville d'Évry, dont il était le premier magistrat. Je l'affirme parce qu'à la suite de cette émission il m'a demandé de me rendre à Évry et de vérifier le bien-fondé de ses affirmations. J'y suis allé, de fait c'est remarquable. Il voulait un plat simple, je le lui ai préparé.

Ingrédients pour 8 personnes

16 pommes de terre moyennes, de même taille, à chair ferme
1 kg de chair à saucisse
2 bouquets de persil plat
300 g d'oignons
1 échalote
6 œufs entiers
250 g de beurre
40 cl de vin blanc du Jura
Sel fin, poivre du moulin

Préchauffez le four pendant 10 minutes à 180 °C (th. 6).

Hachez finement le persil, les oignons et l'échalote, battez les œufs et mélangez le tout dans un saladier avec la chair à saucisse, salez, poivrez.

Lavez, épluchez, coupez les pommes de terre en deux, puis videz-les de moitié avec une petite cuillère ou une cuillère parisienne. Remplissez de farce les moitiés, puis refermez-les afin de reconstituer une pomme de terre.

Beurrez un plat, posez les pommes de terre, arrosez-les de vin blanc et mettez le reste de beurre. Répandez le restant de farce autour des pommes de terre. Couvrez le plat de papier d'aluminium et faites cuire pendant 45 minutes.

Ce plat s'accompagne d'une salade croquante, échalotée ou aillée.

Pot-au-feu

Michel Jonasz a du talent, c'est incontestable. Il aime les plats de tribu, de convivialité, chaleureux et roboratifs. Quel meilleur choix qu'un pot-au-feu ? Je reconnais que ma recette n'est pas des plus simple à réaliser, mais j'ose affirmer que respectée, on est loin d'un bœuf bouilli !

À commencer la veille

Ingrédients pour 8 personnes

1 joue de bœuf parée
1 kg de gîte arrière, macreuse ou jumeau
1 kg de plat de côtes couvertes ou découvertes
16 carottes moyennes et calibrées
8 navets moyens
10 poireaux (essentiellement le blanc et la partie vert pâle)
16 petites pommes de terre (belle de Fontenay ou roseval)
Sel fin, poivre du moulin

Pour le bouillon

5 litres d'eau
1 kg de jarret de bœuf
4 kg d'os, crosse et nourrice (attache du tibia au fémur, entourée de chair, de graisse et de cartilage)
1 rate de bœuf (ou de veau)
1 petite branche de céleri
300 g de vert de poireau
1 bouquet de persil avec les queues
2 brindilles de thym
2 oignons piqués chacun de 3 clous de girofle
3 feuilles de laurier
3 blancs d'œufs (facultatif)
3 pincées de quatre-épices
3 cuillerées à soupe de gros sel
1 cuillerée à soupe de poivre en grains

Les plats

Avant toute mise en œuvre de la recette, il est impératif d'avoir un bouillon d'accueil pour réaliser la recette.
Préparez le bouillon d'accueil. Déposez dans la marmite le jarret, les os et la rate, couvrez d'eau froide, portez à ébullition à feu moyen. Après 45 minutes, ajoutez 1/2 litre d'eau froide : l'eau froide jetée dans l'eau bouillante crée un choc thermique qui a pour effet de faire remonter les impuretés à la surface.

À la reprise de l'ébullition, écumez. Lorsque plus aucune écume ne remonte, ajoutez le céleri, le vert de poireau, le persil, le thym, les oignons épluchés et piqués de clous de girofle, le laurier, le quatre-épices, le gros sel, le poivre, et laissez bouillotter pendant 2 heures. Retirez la viande qui peut être utilisée pour la confection d'un hachis Parmentier (voir p. 175), les os, les légumes et filtrez le consommé.

Vous pouvez clarifier le bouillon en battant les blancs d'œufs à la fourchette (surtout pas en neige) et en les répandant à la surface du bouillon, maintenu à bouillottements. Les blancs d'œufs vont descendre au fond de la marmite puis remonter en entraînant toutes les impuretés.
Le consommé peut être servi tel quel dans une tasse. Vous pouvez aussi l'enrichir en y faisant cuire des vermicelles, des cheveux d'ange, du tapioca ou de la barbe de poireau.

La veille, de préférence, assaisonnez de sel et de poivre le plat de côtes ; réservez au réfrigérateur, couvert d'un film alimentaire.
Le jour J : plongez les viandes dans le bouillon d'accueil, portez à ébullition à feu moyen. Après 45 minutes de petits bouillottements, ajoutez un demi-litre d'eau froide et écumez. Lorsque plus aucune écume ne remonte à la surface, réglez le feu pour maintenir un petit bouillottement continu (on dit que le pot-au-feu « sourit ») et laissez cuire à découvert pendant 2 heures.

Sortez les viandes à l'aide d'une écumoire, laissez-les refroidir et enveloppez-les dans du papier d'aluminium. Réservez au réfrigérateur. Filtrez et clarifiez si nécessaire le bouillon. Réservez au frais. Après quelques heures, enlevez avec une écumoire la galette de graisse formée en surface : le bouillon obtenu est totalement maigre.

Une heure avant le service, mettez dans le bouillon maigre la viande destinée au pot-au-feu, portez à ébullition à feu moyen. Ajoutez les carottes et les navets et maintenez l'ébullition 30 minutes. Ajoutez les poireaux ficelés en bottillons et prolongez l'ébullition pendant 15 minutes.

Faites cuire à part les pommes de terre à la vapeur. (*Ne faites jamais pocher les pommes de terre dans le bouillon du pot-au-feu : tout le travail de clarification n'aurait servi à rien car la fécule des pommes de terre trouble le bouillon.*)

Coupez les viandes en tranches épaisses, rangez-les dans un plat et arrosez-les d'une petite louche de bouillon. Dans un autre plat, disposez les légumes, arrosez également d'un peu de bouillon. Servez à part des cornichons, des moutardes, des fruits au vinaigre et un ramequin de gros sel.

Suggestion

La clarification du bouillon d'accueil n'est pas nécessaire avant la cuisson du pot-au-feu, elle se fera après.
Il est d'usage – mais sans obligation – de servir des tronçons d'os à moelle avec le pot-au-feu. Après les avoir fait dégorger dans l'eau froide pendant 1 heure, rangez-les dans un plat creux, recouvrez de bouillon dégraissé ou d'eau salée et laissez cuire 20 minutes sans ébullition.

Poulet aux câpres

Juliette Binoche voulait le poulet aux câpres qu'elle avait l'habitude de manger, préparé par sa maman. Pourquoi pas. Elle n'avait pas la recette et sa maman n'était pas disponible pour me la donner, j'ai fait au mieux. J'étais assez fier de mes belles câpres siciliennes, énormes, parfumées. Tout le monde ne peut pas savoir ce que sont des belles câpres.

Ingrédients pour 8 personnes

2 poulets de 1,4 à 1,6 kg
2 carottes
2 oignons
2 échalotes grises
Un peu de beurre
2 gousses d'ail
2 cuillerées à soupe de concentré de tomates
1 bouquet garni
3 cuillerées à soupe de farine
15 cl de cognac
1 pot de câpres au vinaigre
1 botte de cerfeuil
Sel fin, poivre du moulin

Faites découper les poulets par le volailler et gardez les carcasses coupées en morceaux. Épluchez les carottes, les oignons et les échalotes. Coupez les carottes en morceaux, hachez les oignons et les échalotes séparément. Dans une cocotte, mettez les carcasses et faites-les suer avec du beurre jusqu'à coloration, puis ajoutez les carottes, les oignons, les gousses d'ail écrasées et le concentré de tomate. Au bout de 10 minutes, mélangez de l'eau froide pour recouvrir les carcasses, le bouquet garni, et laissez cuire pendant 1 h 30 à 2 heures à feu doux.

Préchauffez le four à 200 °C (th. 7).

Pendant ce temps, salez, poivrez, et farinez les morceaux de poulet. Dans une cocotte, faites chauffer du beurre et disposez les morceaux de poulet côté peau, laissez colorer, puis retournez et laissez cuire environ 15 minutes. Fermez la cocotte et mettez au four. Au bout de 20 minutes, sortez la cocotte et réservez les morceaux de poulet.

Dans la même cocotte, faites revenir les échalotes, ajoutez le cognac et fermez le couvercle pendant 5 minutes. Versez les câpres et mouillez avec un peu du vinaigre des câpres, laissez réduire pendant 15 minutes. Passez votre fond de volaille au chinois, versez-en 30 cl sur les câpres, puis portez à petite ébullition. Au bout de 5 minutes, ajoutez le cerfeuil haché, les cuisses de poulet pour terminer la cuisson. Deux minutes avant de servir, ajoutez les suprêmes pour les réchauffer.

Poulet à la crème d'Yvette Gerra

Yvette Gerra est la grand-mère de Laurent ; elle a eu la gentillesse de me communiquer sa recette, nous avons eu des échanges affectueux. Il semble que je n'ai pas démérité.

Ingrédients pour 6 personnes

1 poulet de 1,8 kg
80 g de beurre
1 oignon
15 champignons de Paris
1 gousse d'ail
1 bouquet garni
2 verres à moutarde de vin blanc (40 cl)
2 pots de crème fraîche de 500 g
2 jaunes d'œufs
Sel fin, poivre du moulin

Flambez et videz la volaille. Découpez-la en morceaux, en commençant par les cuisses (séparez le pilon du haut de cuisse), fendez la carcasse dans le sens de la longueur, puis encore en deux pour obtenir 4 morceaux d'ailes. Salez, poivrez les morceaux.

Dans une cocotte, déposez le beurre. Quand il grésille, ajoutez les morceaux de poulet, puis l'oignon coupé en 4 ou 6 selon sa taille, les champignons (bien brossés et coupés en quartiers grossiers), la gousse d'ail écrasée et le bouquet garni. Quand les morceaux sont bien dorés de chaque côté, ajoutez le vin blanc, grattez le fond de la cocotte pour récupérer les sucs, laissez réduire de moitié et ajoutez un pot et demi de crème fraîche. Mélangez. Laissez cuire 25 minutes à couvert à petit bouillottement.

Mélangez le restant de la crème avec 2 jaunes d'œufs (gardez les blancs au réfrigérateur dans un récipient hermétique pour préparer des meringues plus tard). Sortez les morceaux de poulet et le bouquet garni. Passez la sauce au chinois, remettez les morceaux dans la cocotte avec la sauce et incorporez le mélange crème fraîche-jaune d'œuf. Donnez un coup de chaud, rectifiez l'assaisonnement et servez.

Poulet en croûte de pain

Dave est une personne très bienveillante, il est un des habitués de l'émission. Je me suis souvenu d'une recette qu'avait préparée, il y a longtemps, l'excellent Didier Clément, le chef du Lion d'Or à Romorantin. J'encourage ceux qui veulent surprendre leurs invités de préparer ce plat tellement facile et simple, mais surtout si étonnant quand il arrive sur la table avant de repartir en cuisine pour la découpe.

Ingrédients pour 6 personnes

1 poulet fermier de 2 kg à 2,5 kg
1,1 kg de pâte à pain de campagne au levain, crue, achetée chez le boulanger
1 feuille de laurier
1 feuille de sauge
1 brindille de thym
1 brindille de romarin ou de sarriette
5 gousses d'ail
Branches d'estragon et de menthe fraîche (facultatif)
1 carotte
1 gros oignon
1/4 de petite boule de céleri
2 échalotes
1 petit bulbe de fenouil
Farine pour le plan de travail
Sel fin, poivre du moulin

Sortez le poulet et la pâte du réfrigérateur une bonne heure avant la mise en œuvre.

Préchauffez le four à 220 °C (th. 7).

Salez, poivrez l'intérieur et l'extérieur du poulet, farcissez-le des feuilles de laurier et de sauge, des brindilles de thym et de romarin, et des gousses d'ail non épluchées et grossièrement écrasées. On peut ajouter éventuellement des branches d'estragon et de menthe fraîche.

Épluchez carotte, oignon, céleri, échalotes, fenouil, puis coupez-les en petits dés très fins. Étalez la pâte à pain sur un bon centimètre d'épaisseur. Répandez au centre les légumes coupés. Posez le poulet dos en l'air sur la pâte. Rabattez la pâte pour enfermer complètement et hermétiquement le poulet. Laissez reposer et gonfler la pâte pendant 1 heure. Posez le poulet dans sa pâte sur une plaque à pâtisserie. Enfournez en prenant soin de mettre un récipient rempli d'eau dans le fond du four. Laissez cuire pendant 1 heure et demie.

Sortez la boule de pain dorée et croustillante, et laissez-la reposer 1 heure à température de la pièce.

Présentez le pain sur la table et, avec un couteau-scie, découpez une calotte large et circulaire dans la pâte pour laisser apparaître le poulet. Servez avec des petits croûtons du pain imbibés de jus de cuisson.

Poulet rôti au sel

Il y a tant de façons d'accommoder un poulet, tant de recettes qu'il est nécessaire, chaque fois qu'un invité souhaite cette belle volaille, soit de faire preuve d'innovation, soit d'aller vers la tradition. J'ai choisi un poulet en croûte de sel pour Patrick Poivre d'Arvor.

Ingrédients pour 6 personnes

1 beau poulet de 1,5 kg
1 bouquet garni (thym, laurier, persil, romarin)
2 gousses d'ail
3 kg de sel marin gris
4 blancs d'œufs
3 tours de moulin à poivre

Allumez le four à 240 °C (th. 8).

Parez et videz la volaille, introduisez le bouquet garni, les gousses d'ail écrasées, avec 3 tours de moulin à poivre.

Mélangez le gros sel et les blancs d'œufs.

Dans une cocotte, étalez un lit de 1,5 cm de gros sel, puis posez la volaille. Remplissez la cocotte avec le reste de gros sel, sur les côtés et dessus. Tassez bien, ne mettez pas de couvercle et mettez au four pour 1 h 30.

Sortez du four, cassez la croûte de sel. Le poulet est cuit, bien juteux et doré.

Rognons de veau, sauce madère

La cuisson du rognon de veau n'attend pas, sinon il sèche, se racornit et très vite se transforme en un morceau de vieux pneu. Dans une émission enregistrée, on maîtrise rarement le temps ; nous avons réussi ce petit tour de force pour le maire de Paris, Bertrand Delanoë.

Ingrédients pour 4 personnes

2 beaux rognons de 350 g pièce dégraissés, épluchés et coupés en dés par le tripier ou le boucher
2 cuillerées à soupe de crème fraîche
2 cuillerées à soupe de madère ou de porto
2 cuillerées à entremets de beurre
Sel fin, poivre du moulin

Dans une poêle, faites chauffer une cuillerée à entremets de beurre. Ajoutez les rognons légèrement salés et poivrés. Faites colorer tous les morceaux des rognons et laissez cuire 7 à 8 minutes.

Prélevez les rognons, sans le beurre de cuisine, avec un égouttoir et mettez-les dans un plat creux recouvert d'une assiette creuse, pour les laisser reposer. Jetez le gras de cuisson.

Malaxez le restant de beurre avec la moutarde jusqu'à obtenir une pommade. Versez le madère dans la poêle de cuisson des rognons, grattez pour mélanger avec les sucs de cuisson. Après évaporation des deux tiers du madère, ajoutez le beurre manié avec la crème fraîche. Fouettez, mélangez pour obtenir une sauce onctueuse. Ajoutez les rognons égouttés dans la poêle. Mélangez pour qu'ils s'imprègnent de la sauce et se réchauffent.

Servez bien chaud avec un petit hachis de feuilles d'estragon.

Rosbif

La demande d'Alain Souchon et de Laurent Voulzy du traditionnel rosbif-purée m'a beaucoup séduit. Ce type de plat semble facile, et pourtant... En général, on le sert dès la sortie du four. Si on aime le manger bleu ou saignant, le cœur de la viande est froid et manque de tendreté. On oublie souvent qu'il faut laisser reposer la viande après la cuisson et l'idéal est de la glisser préalablement emballée dans un sac isotherme.

Ingrédients pour 4 personnes

1 rôti de bœuf de 800 g à 1 kg
3 cuillerées à soupe d'huile d'olive
Sel fin, poivre du moulin

Assaisonnez à l'avance, si possible la veille, les grosses pièces de viande rouge, tels la côte de bœuf ou le rosbif : salez, poivrez, badigeonnez d'huile d'olive.

Préchauffez le four à 200 °C (th. 6/7).

Faites chauffer 1 cuillerée à soupe d'huile dans une poêle ; saisissez bien la pièce de bœuf sur toutes ses faces. Placez-la dans la lèchefrite ou dans un plat creux.

La cuisson des grosses pièces de viande – 1,2 kg à 1,5 kg – s'opère en trois temps (*cf. tableau, ci-dessous*) :
— enfournez la viande à 200 °C, maintenez le four à cette température selon la cuisson que vous voulez obtenir ;
— réduisez la chaleur à 90 °C (th. 2/3), retournez la viande pour obtenir le type de cuisson souhaité ;
— puis pour déguster une viande chaude et juteuse à cœur, emballez-la dans une double épaisseur de papier d'aluminium, dans un endroit chaud ou dans un sac isolant servant habituellement au transport des produits surgelés, et laissez-la reposer de 12 et 24 minutes avant de trancher et de servir. Le repos des viandes a pour but de détendre la viande et de l'irriguer de ses liquides de constitution.

Servez avec une purée mousseline (voir recette p. 83).

Type de cuisson	1re face Température du four	Temps de cuisson	2e face Température du four	Temps de cuisson	Temps de repos
Bleu	200 °C	6 min	90 °C	6 min	12 min
Saignant	200 °C	8 min	90 °C	10 min	15 min
À point	200 °C	12 min	90 °C	12 min	24 min

Rôti de porc au lait (se mange froid)

Une émission consacrée aux grandes heures de l'Olympia, le mythique music-hall parisien. Beaucoup d'invités, impossible encore une fois de satisfaire les goûts de chacun... Quand on veut manger du porc froid, on le fait généralement préalablement rôtir. La cuisson au lait permet une viande moelleuse, fondante, très agréable à manger avec un cornichon croquant.

À faire la veille

Ingrédients pour 4 personnes

600 g de porc dans l'échine ou le carré désossé
150 g d'oignons
20 g de saindoux
2 feuilles de sauge
1 branche de thym
1 litre de lait entier (plus ou moins suivant l'épaisseur du morceau de viande)
2 cuillerées à café de sel fin
15 grains de poivre

Épluchez et coupez les oignons en rondelles très fines. Mettez le saindoux dans une cocotte sur feu doux. Faites étuver les oignons à couvert pendant 25 minutes : ils doivent être translucides.

Posez le rôti de porc sur son lit d'oignons fondus, salez, poivrez. Ajoutez les feuilles de sauge et la branche de thym. Versez du lait jusqu'à couvert. Posez le couvercle sur la cocotte, en laissant un espace de 1 cm environ, et laissez cuire durant 45 minutes. *Le lait porté à ébullition a tendance à s'échapper ; les Anciens utilisaient une crémone ; on peut obtenir le même résultat en utilisant une soucoupe dans le fond de la cocotte ou une cuillère en bois posée en travers.*

Retournez le morceau et laissez cuire encore une trentaine de minutes, selon sa taille. La cuisson doit se faire à feu doux.

Laissez refroidir dans le lait. Sortez la viande et éliminez les grumeaux de lait qui l'enveloppent en essuyant le rôti avec un papier absorbant. Enveloppez le rôti dans un film alimentaire étirable et serrez fortement. Mettez au réfrigérateur pendant au moins 12 heures.

Servez froid, tranché fin, avec une salade croquante légèrement aillée, par exemple.

Sauté de lapin aux pruneaux

Le lapin en cuisine est très accommodant. Il aime le vin blanc ou rouge, les épices, les fruits, le navet, les blettes, l'estragon, les oignons. De plus, c'est une viande maigre dont le goût fait l'unanimité. Jean Piat aime le lapin, rien de plus facile que d'essayer de le satisfaire.

Ingrédients pour 6 personnes

1 lapin de 1,5 kg, dépouillé et coupé au couteau par le volailler
24 pruneaux dénoyautés
1 verre de porto
2 bottes de petits oignons ou 25 petits oignons grelots
2 cuillerées à soupe de beurre
1 cuillerée à soupe d'huile
2 cuillerées à soupe de farine
1 bouteille de vin rouge de Loire (saint-nicolas-de-bourgueil, chinon ou saumur-champigny)
1 petit bouquet garni
2 cuillerées à soupe de gelée de groseille
Sel fin, poivre du moulin

Mettez à tremper les pruneaux dénoyautés dans l'eau tiède. Égouttez et mettez-les à gonfler dans le porto.

Épluchez et mettez les oignons grelots dans l'eau froide. Portez à ébullition et maintenez 3 minutes. Égouttez. Les petits oignons nouveaux en bottes n'ont pas besoin de ce traitement.

Dans une cocotte, faites chauffer le beurre et l'huile et faites dorer les morceaux de lapin. Ajoutez les oignons. Saupoudrez la farine. Mélangez la farine aux morceaux, aux oignons et à la matière grasse. Versez le vin rouge. Ajoutez le bouquet garni, le sel et le poivre. Faites cuire doucement à demi couvert 35 à 40 minutes. Vérifiez la cuisson avec la pointe d'un couteau. Ajoutez le porto et les pruneaux. Liez la sauce à la gelée de groseille.

Servez avec une purée de pommes de terre ou des pâtes fraîches.

Suggestion

Vous pouvez ajouter des raisins noirs ou blancs, si possible pelés et épépinés.

Spaghettis à la napolitaine (*Spaghetti alla napoletana*)

Il n'y a pas plusieurs façons de faire cuire des spaghettis, quelle que soit la sauce qui les accompagne. Inutile d'ajouter de l'huile, qu'elle soit issue d'olive ou d'arachide. De l'eau, du sel, à rajouter de préférence alors que l'ébullition est partie, pour l'activer. Toutes les sauces lui conviennent. Michel Leeb les a voulus alla napoletana, *comme ci-dessous.*

Ingrédients pour 4 personnes

350 g de spaghettis
500 g de tomates Olivette bien mûres (tomates du jardin, ou tomates de conserve hors saison)
1 gousse d'ail
3 cuillerées à soupe d'huile d'olive vierge extra
2 ou 3 feuilles de basilic
Sel fin, poivre du moulin

Lavez et essuyez les tomates. Épluchez et émincez la gousse d'ail, en retirant le germe situé au centre de la gousse.

Faites bouillir l'eau salée pour la cuisson des pâtes.

Pendant que l'eau chauffe, mettez sur le feu une sauteuse contenant l'huile d'olive et l'ail. Lorsque l'huile est chaude, ajoutez les tomates entières épluchées et épépinées. Laissez cuire à feu vif. Après quelques minutes, les tomates éclatent, tournez-les avec une cuillère en bois. Salez et poivrez.

Mettez les spaghettis dans l'eau bouillante. Rincez à l'eau froide les feuilles de basilic. Hachez-les grossièrement à la main – ni ciseau, ni machine. Dès que les pâtes sont *al dente*, égouttez-les. Ajoutez le basilic à la sauce tomate, puis versez les spaghettis dans la sauteuse contenant la sauce – hors du feu –, et mélangez bien le tout.

La recette est prête, pour la présenter vous n'avez plus qu'à verser les spaghettis dans un plat creux préalablement chauffé. Servez aussitôt.

Nota bene

Pour des spaghettis réussis, retenez bien cette proportion : 100 g de pâtes dans 1 litre d'eau avec 10 g de sel.

Spaghettis à la tomate, aux câpres et aux olives (*Spaghetti alla puttanesca*)

Démonstration ce qui a été dit à la page précédente...

Ingrédients pour 4 personnes

350 g de spaghettis
500 g de tomates mûres et fermes
1 gousse d'ail
10 brins de persil plat
70 g d'olives noires
2 filets d'anchois à l'huile
5 cuillerées à soupe d'huile d'olive vierge extra
1 cuillerée à café de câpres
Sel fin, poivre du moulin

Ébouillantez les tomates, pelez, épépinez et éliminez leur eau de végétation, puis concassez grossièrement la chair. Épluchez et écrasez la gousse d'ail sous la lame d'un couteau. Lavez et séchez le persil délicatement dans un torchon propre, puis hachez-le finement. Dénoyautez et coupez les olives en petits morceaux, de même que les filets d'anchois.

Mettez l'huile dans une sauteuse et faites revenir l'ail écrasé sans le laisser colorer. Ajoutez les anchois et faites fondre rapidement. Incorporez les olives, les câpres bien égouttées, la chair des tomates. Relevez le tout avec un peu de sel et de poivre. Laissez cuire la sauce à feu moyen pendant 15 à 20 minutes, en mélangeant de temps en temps avec une cuillère en bois. En fin de cuisson, ajoutez un peu de persil haché.

Faites cuire les spaghettis *al dente* dans une grande quantité d'eau bouillante salée. Égouttez et versez dans un plat. Accommodez les spaghettis avec la sauce et saupoudrez avec le reste du persil haché. Servez aussitôt.

Nota bene

Pour des spaghettis réussis, retenez bien cette proportion : 100 g de pâtes dans 1 litre d'eau avec 10 g de sel.

Tajine d'agneau aux fruits secs

Ce cher Enrico Macias est inconditionnellement fidèle à sa terre natale l'Algérie, pays riche en spécialités. Il aime la table, et surtout ce qui lui rappelle son enfance.

Ingrédients pour 8 personnes

1,6 kg de viande d'agneau découpée en morceaux de 60 à 70 g (épaule ou gigot désossé)
7 cuillerées à soupe d'huile d'olive extra vierge
2 gros oignons
2 gousses d'ail
30 cl de bouillon de bœuf ou volaille du commerce
500 g d'abricots secs
100 g de raisins secs
3 cuillerées à soupe de miel
2 cuillerées à café de gingembre en poudre (ou un morceau de gingembre frais râpé)
1 cuillerée à café de safran (facultatif)
3 pincées de cannelle en poudre
1 bouquet de coriandre fraîche
1 bouquet de persil plat frais
Sel fin, poivre du moulin

Préchauffez le four à 180 °C (th. 6).

Dans un bol, mélangez les épices et les herbes lavées et ciselées.

Dans une cocotte, faites chauffer l'huile d'olive, ajoutez les oignons émincés. Faites revenir à feu doux pendant une dizaine de minutes. Quand ils sont transparents, ajoutez les morceaux d'agneau salés et poivrés, faites dorer 5 minutes. Versez l'ail écrasé et le contenu du bol, remuez. Arrosez avec le bouillon. Couvrez pour laisser les parfums s'exprimer. Faites frémir pendant 40 minutes.

Ajoutez ensuite les abricots, les raisins et le miel. Mélangez bien pour envelopper tous les ingrédients du jus de viande. Enfournez pour environ 50 à 60 minutes. Vérifiez la cuisson, la viande doit être bien moelleuse. Rectifiez éventuellement l'assaisonnement. Servez avec un plat de semoule.

Suggestion

Si ce plat est destiné à être préparé la veille, enfournez l'agneau directement après l'avoir fait revenir avec les oignons, l'ail et les épices. Faites cuire 1 h 30. Vérifiez la cuisson de l'agneau. La chair doit être un peu confite et surtout très tendre. Le lendemain, ajoutez dans la cocotte les abricots secs, les raisins et le miel. Laissez la sauce épaissir pendant 20 minutes sur feu moyen.

Tajine de poulet aux olives et citron confit

Enrico Macias pourrait venir toutes les semaines et nous pourrions lui offrir une recette différente. La cuisine du Maghreb est riche de créations, d'arômes et de traditions.

Ingrédients pour 6 personnes

1 gros poulet de 2 kg et plus
1 gros oignon (environ 100 g)
6 cl d'huile d'olive extra vierge (6 cuillerées à soupe)
1 cuillerée à soupe de gingembre frais râpé
1 cuillerée à café de cannelle en poudre ou en bâton
2 gousses d'ail
1 litre de bouillon de volaille
1 citron confit
150 g d'olives marocaines
1/2 botte de coriandre et persil hachés
1 pincée de safran (facultatif)
Sel fin, poivre du moulin

Découpez le poulet, les cuisses en trois (le pilon et le gras de cuisses en deux), soit 6 morceaux. Les ailes et les suprêmes en trois morceaux.

Épluchez, puis hachez l'oignon. Dans une cocotte, faites chauffer l'huile d'olive avec l'oignon haché, laissez fondre et légèrement dorer pendant 5 minutes, puis ajoutez le gingembre râpé, la cannelle, le safran et les gousses d'ail écrasées. Couvrez et laissez les parfums s'exprimer. Ajoutez les 6 morceaux de cuisses de poulet, recouvrez avec le bouillon froid, salez et poivrez. À ébullition, couvrez, et faites cuire à feu doux pendant 30 minutes. Remuez de temps en temps avec une cuillère en bois. Ajoutez les 6 morceaux d'ailes et de blancs de poulet, faites cuire encore 20 minutes à feu doux à couvert.

Préchauffez le four à 240 °C (th. 8).

Vérifiez la cuisson du poulet, la chair doit être confite et très tendre. Placez le poulet égoutté dans le plat à tajine, réduisez au besoin le jus, qui doit être sirupeux. Ajoutez le citron confit coupé en petits morceaux, les olives, la coriandre et le persil, versez le jus, puis refermez avec la cloche sur le plat. Remplissez le trou d'eau pour éviter le dessèchement. Enfournez pour 10 minutes. Servez avec du pain au sésame.

Nota bene

Prévoyez en réserve un peu de bouillon pour en ajouter en cours de cuisson.

Terrine de jarret de porc en gelée

Bernard Pivot lit bien et se tient bien à table. Ses origines lyonnaises font pencher ses goûts vers des plats charcutiers. Je n'ai pas souvenir qu'il ait dédaigné notre terrine de jarret de porc. Un de mes plats préférés pour les déjeuners campagnards joyeux et arrosés de beaujolais blanc ou rouge.

Ingrédients pour 8 personnes

1 jambonneau arrière de porc (de 1,6 à 1,8 kg)
1 pied de veau
5 carottes
1 branche de céleri
3 oignons piqués de 2 ou 3 clous de girofle
1 bouquet garni (thym, laurier)
1 bouteille de vin blanc sec
4 cuillerées à soupe de vinaigre blanc (ou mieux de Melflor, spécialité alsacienne)
1 bouquet de persil
4 gousses d'ail
15 grains de poivre
1 poignée de gros sel

Dans un faitout contenant 3 litres d'eau, ajoutez les carottes épluchées, coupées en rondelles de 0,5 cm d'épaisseur, la branche de céleri, les oignons épluchés et piqués de clous de girofle, le bouquet garni, le poivre en grains, le gros sel et la bouteille de vin blanc sec. Plongez les jambonneaux et le pied de veau. Portez à ébullition, puis à petit bouillottement pendant environ 4 heures. Vérifiez la cuisson, en piquant les jambonneaux avec une aiguille à brider ou la pointe d'un couteau. Ajoutez le vinaigre en fin de cuisson, et poursuivez à feu doux 20 minutes.

Hachez très finement le persil et l'ail. Sortez les viandes, hachez grossièrement au couteau et mélangez avec le hachis de persil et d'ail. Dégraissez le bouillon.

Dans le fond de la terrine, versez un bon centimètre de bouillon, ajoutez les viandes, pas trop serrées, et recouvrez du bouillon de cuisson. Emballez la terrine dans un film alimentaire et mettez-la au réfrigérateur au moins 24 heures. Servez avec une salade croquante.

Terrine de lapin en gelée aux herbes et aromates du potager

À la fin de la saison des enregistrements, au mois de juin, il m'a toujours semblé utile de donner à nos téléspectateurs fidèles des recettes faciles à réaliser pour les deux mois d'été. La terrine de lapin en gelée, une autre recette de Didier Clément, le très doué chef du Grand Hôtel du Lion d'Or à Romorantin, a encore une fois exprimé sa simplicité.

Ingrédients pour 6 personnes

1 jeune lapin vidé de 1,5 kg
4 tranches de poitrine fumée
25 cl de vin blanc demi-sec
10 cl de vieux marc
3 carottes nouvelles
1 oignon doux
3 petites branches de céleri
4 échalotes
4 gousses d'ail
1 branche de thym
1 feuille de laurier
1 branche de sarriette
1 branche d'hysope
1 branche de serpolet
2 clous de girofle
12 grains de poivre
Sel
16 g de feuilles de gélatine
Estragon
Cerfeuil
Persil
Ciboulette
Fleur de thym
Cumin des prés

Les plats

Découpez les différents morceaux du lapin : cuisse, épaule, râble et coffre avant. Conservez à part les abats (rognon, cœur et foie). Rangez les morceaux assaisonnés dans un faitout, ajoutez le thym, le laurier, la sarriette, l'hysope, le serpolet, le poivre en grains. Arrosez avec le vin blanc et le vieux marc. Ajoutez de l'eau à hauteur des morceaux. Salez. Couvrez, portez à ébullition, puis baissez le feu pour ramener à petit bouillottement pendant 30 minutes. Écumez si besoin. Ajoutez la poitrine fumée, l'ail, les échalotes, l'oignon piqué de 2 clous de girofle, les légumes épluchés et entiers. Couvrez et laissez frémir à petite ébullition pendant presque 1 heure.

Lorsque les chairs se détachent de l'os, retirez du feu. Ajoutez les abats. Égouttez les morceaux de viande dans une plaque et défaites les chairs des os. Récupérez carottes, oignon, échalotes et céleri. Découpez les légumes cuits en morceaux. Ajoutez aux morceaux de légumes les herbes effeuillées (estragon, cerfeuil, persil, ciboulette, fleur de thym et cumin des prés).

Commencez à installer les morceaux d'épaule et les cuisses dans le fond d'une terrine. Ajoutez la moitié du mélange d'herbes et de légumes avec les tranches de poitrine fumée. Ajoutez les abats. Posez par-dessus la chair du râble et du coffre du lapin. Disposez le reste des légumes.

Réduisez la cuisson filtrée jusqu'à l'obtention de 50 cl de liquide. Ajoutez 8 feuilles de gélatine. Mélangez au fouet. Vérifiez l'assaisonnement et versez le liquide tiède dans la terrine par-dessus les morceaux. Conservez au frais 24 heures avant de détailler en tranches.

Recette du chef Didier Clément

Le Grand Hôtel du Lion d'Or – 69, rue Georges-Clemenceau – 41200 Romorantin-Lanthenay

Tél. : 02 54 94 15 15

Tête de veau sauce gribiche

On imagine mal Johnny Hallyday se délectant de plats canailles. Son épouse, Laeticia, nous a assuré qu'il ne bouderait pas une tête de veau sauce gribiche. La cuisson de la tête de veau est relativement accessible alors que la gribiche est plus exigeante ; ce serait trop simple d'ajouter des fines herbes dans une mayonnaise. La sauce gribiche se monte à partir du jaune des œufs durs. Cet effort est indispensable pour respecter la tradition.

Ingrédients pour 6 personnes

1/2 tête de veau avec oreille et langue, soit environ 2 kg
1 cervelle de veau
40 g de farine blanche
1 bouquet garni : thym, 1/2 feuille de laurier, queues de persil
1 gros oignon piqué de 1 clou de girofle
50 g de sel
12 grains de poivre
3 cuillerées à soupe de vinaigre d'alcool
3 litres d'eau

Pour la sauce gribiche (1 bol)

4 œufs
50 cl d'huile d'arachide
2 cuillerées à café de moutarde
100 g de cornichons et câpres hachés
1 cuillerée à soupe de vinaigre de vin
2 cuillerées à soupe de fines herbes hachées
1 cuillerée à café de sel
5 ou 6 tours de moulin à poivre

Mettez la demi-tête à l'eau froide dans un faitout, portez à ébullition, laissez frémir pendant 15 minutes, passez sous l'eau froide pour rafraîchir. Emballez et ficelez la tête dans un torchon, puis déposez-la dans un faitout. Recouvrez d'eau en prenant soin de la verser au travers d'une fine passoire contenant les 40 g de farine – *cuisson au blanc*. Ajoutez le bouquet garni, l'oignon piqué, le sel, le poivre et le vinaigre. Portez doucement à ébullition et laissez bouillotter deux bonnes heures. Ajoutez la cervelle 25 minutes avant la fin de la cuisson.

Attention : la tête de veau trop cuite devient généralement gélatineuse.

Préparez la sauce gribiche. Faites cuire 3 œufs durs, écalez-les sous l'eau fraîche et séparez les jaunes des blancs. Dans un saladier posé sur un torchon replié, pour assurer sa stabilité, écrasez finement les jaunes des œufs durs. Ajoutez le jaune du dernier œuf cru, mélangez intimement et versez l'huile lentement pour monter la sauce. Complétez avec la moutarde, le sel, le poivre, les cornichons, les câpres, le vinaigre, les fines herbes hachées et, au dernier moment, le blanc des œufs cuits coupé en petits dés.

Égouttez et coupez la tête en belles tranches. Disposez-les sur un plat chaud avec quelques branches de persil frais. Servez avec la sauce gribiche ou une simple vinaigrette et des pommes vapeur.

Suggestion

Selon le même principe et avec les mêmes ingrédients, la tête de veau peut se cuire dans un consommé de pot-au-feu. Il faut savoir que la couleur sera moins blanche que dans une cuisson au blanc mais que son goût en sera sensiblement amélioré.

Tomates farcies au veau

Folles et classiques à la fois, les collections de couture de Jean-Paul Gaultier ne peuvent pas laisser indifférent. La saison se prêtait parfaitement à l'élaboration de son plat préféré, les tomates farcies. Encore un souvenir d'enfance !

Ingrédients pour 6 personnes

6 grosses tomates fermes

Pour 500 g de farce

750 g de poitrine ou de tendron de veau
1 bouquet garni
1 carotte
1 oignon
2 œufs entiers
2 cuillerées à soupe de crème fraîche
50 g de chapelure (facultatif)
1/2 botte de persil plat
2 cuillerées à café de sel fin
5 tours de moulin à poivre

Pour farcir les tomates, décalottez les tomates, creusez l'intérieur avec une cuillère, en prenant soin de ne pas les percer, éliminez les graines et conservez les chairs. Salez l'intérieur et retournez-les sur une grille afin qu'elles perdent une partie de leur eau de végétation.

Faites couper le veau en gros cubes, comme pour une blanquette. Mettez-les dans une casserole, recouvrez d'eau froide ou de bouillon et portez à ébullition. Ajoutez un petit bouquet garni, une carotte et un oignon épluchés, salez. Faites cuire 1 h 30, égouttez, laissez refroidir, désossez et retirez les peaux. Hachez grossièrement au hachoir grille moyenne avec la carotte et l'oignon. Ajoutez les œufs, la crème, la chapelure, le persil haché, le sel et le poivre.

Allumez le four à 180 °C (th. 6).

Remplissez les tomates avec la farce obtenue. Recouvrez de la calotte et rangez-les dans un plat à gratin. Ajoutez 2 ou 3 cuillerées à soupe d'eau dans le fond du plat avec un peu de beurre. Enfournez pour 50 minutes. Récupérez le jus de cuisson dans une casserole et faites-le réduire, à feu très vif, 3 à 4 minutes. Arrosez les tomates. Servez.

Suggestion

Après 30 minutes de cuisson, saupoudrez les tomates de chapelure.

Tortilla

Joe Dassin est encore un de ces grands défunts qui, post mortem, *fait toujours les après-midis et les soirées de* Vivement dimanche. *Ses fils étaient d'accord pour une tortilla et nous nous sommes exécutés.*

Ingrédients pour 8 personnes

800 g de pommes de terre à chair ferme (type belle de Fontenay, charlotte)
4 oignons
5 cuillerées à soupe d'huile d'olive extra vierge
16 œufs entiers
1 bouquet de persil plat
1 cuillerée à soupe de sel fin
15 tours de moulin à poivre

Je vous recommande, si vous êtes 8 à table, de prévoir 2 tortillas.

Épluchez, lavez et émincez les pommes de terre (comme pour des pommes de terre sautées). Pelez et émincez les oignons. Versez l'huile dans une grande poêle. Faites revenir les oignons et les pommes de terre ensemble pendant 25 minutes environ.

Égouttez l'ensemble dans une passoire et récupérez l'huile de cuisson. Versez celle-ci à nouveau dans la poêle.

Dans un saladier, battez les œufs avec une fourchette ou un fouet. Salez, poivrez. Ajoutez le mélange oignons-pommes de terre et le persil haché finement. Versez la préparation dans la poele bien chaude. Couvrez. Les œufs doivent être pris.

À l'aide du couvercle, plus grand que la poêle, retournez la tortilla et glissez-la dans la poêle. Faites dorer sur l'autre face, puis faites-la glisser sur le plat de service.

Une tortilla se sert froide, tiède ou réchauffée, emballée dans un papier d'aluminium dans un four tiède. Elle peut servir de plat de résistance, accompagnée d'une tranche de jambon espagnol, italien ou français et/ou d'une salade verte assaisonnée d'une vinaigrette légèrement aillée.

Waterzooi de poulet à la gantoise

Pour honorer une baronne belge, il fallait bien un plat de son pays natal. Le waterzooi a plu à Annie Cordy. S'il est vrai que le waterzooi traditionnel se prépare avec du poisson d'eau douce, la variante gantoise à base de poulet est si répandue qu'elle a presque supplanté la recette originale. Ce glissement culinaire s'explique par le triste fait que nos rivières se dépeuplent. De passage à Gand à la fin du siècle dernier, Jules Massenet a été tellement conquis par ce plat qu'il nous a dédié une Cantate au waterzooi.

Ingrédients pour 4 personnes

1 gros poulet coupé en 8 morceaux
8 petits chicons (endives)
1 bouquet de persil plat avec les tiges
2 petites boules de céleri-rave
1 pied de céleri branche
4 carottes moyennes
2 poireaux
4 échalotes ou oignons
100 g de beurre
1 litre de bouillon de volaille
10 cl de crème fraîche
4 jaunes d'œufs
Le jus de 1 citron
Sel fin, poivre du moulin

Débarrassez les chicons de leurs feuilles extérieures et de leur pied. Lavez et essorez le persil. Coupez les tiges et attachez-les en botte. Nettoyez les légumes et taillez-les en deux parts : une en julienne et une en morceaux de 2 cm environ.

Dans une casserole à fond épais, faites fondre 30 g de beurre et étuvez à couvert à feu doux les légumes coupés en morceaux. Lorsqu'ils sont cuits à point, retirez-les et réservez. Ajoutez 20 g de beurre dans la casserole et étuvez les légumes coupés en julienne. Comptez entre 15 et 20 minutes. Disposez ensuite les morceaux de poulet sur la julienne, ajoutez les tiges de persil et couvrez de bouillon. Portez à ébullition et laissez mijoter à feu doux jusqu'à cuisson complète de la viande.

Pendant ce temps, disposez les chicons tête-bêche dans une autre casserole de façon à en recouvrir le fond. Couvrez d'eau et faites cuire à feu doux à couvert. Le jus peut réduire un peu. Retournez régulièrement les chicons.

Hachez finement le persil et réservez. Battez les jaunes d'œufs avec la crème. Lorsque les morceaux de poulet sont cuits, sortez-les du bouillon et disposez-les dans une soupière ou un plat de service profond chauffé au préalable. Retirez les tiges de persil. Tout en battant, incorporez quelques cuillerées à soupe de bouillon dans le mélange œufs-crème et incorporez le tout au bouillon sans cesser de battre. Ajoutez les légumes en morceaux et les chicons braisés ainsi que leur jus.

Ne laissez pas bouillir, pour éviter une cuisson des jaunes. Au moment de servir, ajoutez le jus de citron en mélangeant. Versez le tout sur les morceaux de poulet et saupoudrez de persil haché. Servez aussitôt.

Les desserts

Banana pancakes

Quand on est élu de Saint-Quentin, il est évident de vouloir une préparation à base de banane. Tout le monde sait que c'est le fruit du département de l'Aisne. Xavier Bertrand a voulu honorer sans doute sa région élective. Attention aux achats de bananes en hiver, choisissez un fournisseur qui prend la précaution d'emballer les régimes dans une couverture ou un voile de protection. La banane a tendance à geler au froid. Louise Denisot, excellente cuisinière, est venue réaliser cette recette.

Ingrédients pour 12 pancakes

3 bananes bien mûres
15 cl de lait entier
2 cuillerées à soupe de miel liquide
1 œuf
10 g de beurre fondu
125 g de farine de froment
5 cl d'huile neutre (colza, tournesol, pépins de raisin)
1 pincée de sel

Épluchez 2 bananes et écrasez-les finement à la fourchette dans un saladier. Ajoutez le lait, le miel, le jaune d'œuf (réservez le blanc) et le beurre fondu. Fouettez le tout. Ajoutez petit à petit la farine et le sel, en continuant de fouetter doucement.

Montez le blanc d'œuf en neige et incorporez-le délicatement à la préparation. Épluchez la troisième banane et coupez-la en 12 rondelles.

Faites chauffer à feu moyen une poêle à blinis légèrement huilée. Versez-y une louche de pâte à la banane. Répartissez-la au fond de la poêle et posez une rondelle de banane au centre en appuyant doucement. Quand le dessus du pancake est figé, retournez-le et prolongez la cuisson de 2 minutes. Conservez au chaud sur un bain-marie.

Dégustez chaud ou froid avec une sauce chocolat (faites fondre 100 g de bon chocolat noir avec 2 cuillerées à soupe d'eau, et nappez-en les crêpes).

Et pourquoi pas ?

Ajoutez des pépites de chocolat ou de caramel pour obtenir des pancakes encore plus gourmands.
Remplacez les bananes par une petite mangue écrasée grossièrement.
Servez avec de la glace à la noix de coco roulée rapidement dans de la noix de coco râpée.

Biscuit de Savoie

Geneviève de Fontenay est née en Lorraine et voulait un gâteau. Elle a choisi un biscuit de Savoie. Par chance, Fabrice Gwizdak, grand boulanger-pâtissier nancéen, l'a réalisé. Elle est gourmande, la dame au chapeau !

Ingrédients pour 5 personnes

3 œufs
100 g de sucre en poudre
50 g de fécule de pomme de terre
30 g de farine
1/5 de gousse de vanille

Préchauffez le four à 160/170 °C (th. 5/6).

Séparez les blancs d'œufs des jaunes. Montez les blancs en neige en incorporant la moitié du sucre. Blanchissez les jaunes avec le sucre restant. Grattez et ajoutez la gousse de vanille. Incorporez délicatement les jaunes dans les blancs montés en neige. Versez en pluie la farine préalablement mélangée avec la fécule. Mélangez.

Beurrez le moule, puis garnissez de pâte. Faites cuire pendant 25 à 30 minutes.

Recette de Fabrice Gwizdak, boulanger-pâtissier
Au bon pain de France - 19, rue Raugraff - 54000 Nancy
Tel. : 03 83 32 12 30

Bûche de Noël au chocolat, crème anglaise

Peut-on faire une bûche de Noël soi-même, sans avoir recours aux fabrications industrielles ou artisanales ? La réponse est oui, sans contestation possible. J'ai voulu en apporter la preuve quand Michel Drucker a reçu Sylvie Joly. Les années se suivent, Noël est toujours à la même date – ce ne fut pas toujours le cas ! Peut-on varier les plaisirs de la bûche de Noël ? Nicoletta en a fait l'expérience...

À faire la veille

Ingrédients pour 6 personnes

200 g de chocolat noir à dessert (70 % de cacao)
360 g de crème fraîche liquide entière pour chantilly
Biscuits à la cuillère
1 tasse à thé de café fort
Cacao en poudre

Pour la crème anglaise

6 jaunes d'œufs
1 cuillerée à soupe d'eau
150 g de sucre en poudre
1 cuillerée à soupe rase de fécule de maïs
1 litre de lait entier
1 gousse de vanille

La veille, préparez la bûche. Versez 180 g de crème dans une casserole, portez à ébullition. Cassez le chocolat en morceaux, ajoutez la crème bouillante, remuez à l'aide d'un fouet pour obtenir une pâte onctueuse. Versez cette préparation dans un saladier et laissez refroidir complètement.

Préparez une tasse de café fort. Réservez pour l'utiliser froid.

Battez le reste de la crème (180 g) en chantilly, gardez-la un peu molle, ne sucrez pas. Incorporez au mélange chocolat-crème en soulevant délicatement la préparation. Utilisez un moule à cake ou à pâté de 20 cm de longueur, 8 cm de largeur, 5 à 6 cm de haut. Pliez en deux une feuille d'aluminium, découpez un rectangle de 20 x 30 cm. Tapissez-en le moule, en prenant soin de la faire dépasser de 5 cm sur les deux longueurs.

Remplissez la moitié du moule avec la préparation. Rangez, sur cette première couche, la moitié des biscuits trempés dans le café froid. Versez le reste de la préparation. Terminez avec les biscuits restants imbibés de café. Fermez le moule en rabattant le papier d'aluminium. Laissez prendre une nuit au réfrigérateur.

Le jour même, préparez la crème anglaise. Mettez les jaunes d'œufs dans un saladier avec l'eau et le sucre (réservez les blancs pour faire des œufs à la neige ou des meringues). Mélangez idéalement avec un fouet électrique jusqu'à ce que la masse blanchisse. Incorporez la fécule de maïs. Portez à ébullition le lait avec la gousse de vanille fendue et bien grattée. Retirez la gousse. Versez le lait bouillant sur les jaunes. Remuez. Versez le contenu du saladier dans la casserole. Continuez à remuer avec une cuillère en bois en dessinant des 8. La crème va épaissir. *Veillez à éviter l'ébullition.* Lorsque la crème nappe la cuillère, versez au travers d'une passoire très fine dans un saladier. Déposez le saladier dans l'évier préalablement rempli d'un fond d'eau froide et de quelques glaçons. Remuez la crème dans le saladier pour l'aider à refroidir plus rapidement et pour l'alléger. Lorsque la crème est sensiblement refroidie, couvrez et réservez au réfrigérateur jusqu'à l'emploi.

Libérez le socle de la bûche des rabats de papier d'aluminium. Retournez la bûche sur un plat. Il est encore temps de lui donner une jolie forme si tel est le désir, puis retirez le papier. Saupoudrez de poudre de cacao au moyen d'une passoire fine. Portez à ébullition un verre d'eau dans une petite casserole et, avec une fourchette trempée dans cette eau bouillante dessinez l'écorce de la bûche. La décoration est laissée à l'appréciation de chacun, selon son talent : bougies, feuilles de houx en pâte d'amandes, sucre glace, sujets divers...

Réservez au réfrigérateur. Sortez à température de la pièce 15 minutes avant la dégustation. Servez avec la crème anglaise.

Suggestion

La crème anglaise peut s'aromatiser au café ou au chocolat. Il suffit d'ajouter au lait 3 cuillerées à soupe bien pleines de café soluble ou de cacao amer avant de le porter à ébullition. Vous pouvez aussi, lorsque la crème est refroidie, la parfumer avec 1 cuillerée à soupe de kirsch ou de Grand-Marnier.

Bûche de Noël aux marrons et chocolat

Ingrédients pour 8 à 10 personnes

2 boîtes de marrons entiers au naturel
100 g de chocolat noir à dessert (70 % de cacao)
100 g de beurre
100 g de sucre semoule
12 biscuits à la cuillère
20 cl de crème entière liquide
Sucre glace

Égouttez les marrons dans une passoire. Passez-les au moulin à légumes grille moyenne au-dessus d'un saladier. Cassez le chocolat en morceaux dans une petite casserole placée au bain-marie, laissez fondre, ajoutez le beurre coupé en morceaux et le sucre. Lorsque le mélange est bien fondu et homogène, versez-le sur la purée de marrons. Mélangez avec une cuillère en bois. Laissez reposer 10 minutes. Battez la crème en chantilly – ne la sucrez pas –, ajoutez-la au mélange chocolat-marron, mélangez délicatement.

Doublez une feuille de papier d'aluminium de 20 cm de côté : déposez-la dans un moule à cake ou à pâté de 20 cm de longueur sur 8 cm de largeur et 5 à 6 cm de hauteur ; le papier doit dépasser le moule de 5 cm de chaque côté. Versez la préparation. Rangez les biscuits sur la longueur, 3 de chaque côté ; s'ils sont un peu longs, coupez les extrémités et gardez-les pour le décor de la bûche. Rabattez les deux parties du papier sur les biscuits. Posez un torchon de cuisine sur la table, retournez le moule au centre, rabattez les deux pans du torchon autour de la bûche et serrez les deux bouts. Façonnez à la main pour lui donner la forme arrondie, posez telle quelle la bûche sur un plat et réservez au réfrigérateur quelques heures.

Déballez la bûche du torchon et du papier. À l'aide d'une fourchette, tracez des lignes pour imiter l'écorce. Coupez chaque extrémité bien nette avec un couteau. Râpez un peu de chocolat de la tablette, ajoutez vos morceaux de biscuits coupés et, au travers d'une passoire fine, imitez légèrement la neige avec du sucre glace sur toute la bûche. Votre inspiration vous guidera pour bien la décorer : bougies, feuille de houx en pâte d'amandes, sujets... Voilà une bûche facile à réaliser, d'un bel effet. Sortez-la 30 minutes à température de la pièce avant de la déguster.

Cake aux fruits

Pour rendre hommage à Lino Ventura, encore un de nos chers disparus, sa fille Célia est venue raconter la gourmandise de son père. Je sais qu'il aimait la cuisine italienne, mais ce jour-là, elle a souhaité que je fasse un cake aux fruits comme il les aimait.

Ingrédients pour 6 à 8 personnes

50 g de raisins secs
3 cuillerées à soupe de rhum, plus une rasade
250 g de sucre
250 g de beurre
3 œufs entiers
250 g de farine
150 g de fruits confits
1/2 sachet de levure

Faites macérer dans un bol les raisins secs et les fruits confits avec 3 cuillerées à soupe de rhum pendant au moins 3 heures. Égouttez une demi-heure avant de réaliser le cake. Épongez-les dans un papier absorbant, puis roulez-les dans un peu de farine.

Préchauffez le four à 200 °C (th. 6/7).

Battez au fouet ou au batteur électrique à vitesse moyenne le sucre et le beurre ramolli et coupé en petits morceaux, jusqu'à ce que le mélange devienne mousseux. Ajoutez les œufs un à un, en continuant de fouetter pendant une dizaine de minutes, puis la farine et le rhum de macération. Avec une cuillère en bois, incorporez délicatement les fruits confits et les raisins secs enrobés de farine.

Tapissez de papier sulfurisé le fond et les parois d'un moule à cake et remplissez de pâte. Mettez au four aussitôt. Après cinq bonnes minutes, baissez le four à 180 °C (th. 6). Après 20 minutes de cuisson, fendez avec un couteau le dessus du cake et maintenez la cuisson pendant 1 h 10 environ. À la sortie du four, arrosez le cake d'une rasade de rhum.

Charlotte aux pommes

Voici un de mes desserts préférés, simplissime, délicieux, inattendu, une charlotte aux pommes. Des pommes, rien que des pommes, que des pommes. En bouche, on a le goût du fruit encore accentué par la cuisson longue. Il fallait bien cela pour Brigitte Fossey.

Ingrédients pour 6 personnes

2 kg de pommes fermes, croquantes et acidulées
100 g de sucre en poudre
1 sachet de sucre vanillé
1 cuillerée à soupe de cannelle en poudre (25 g)
Quelques gouttes de jus de citron

Préparez un caramel blond avec les 100 g de sucre et une cuillerée à soupe d'eau. Hors du feu, ajoutez quelques gouttes de jus de citron. Chemisez un moule à charlotte avec le caramel, en veillant à ce qu'il nappe bien toute la surface.

Épluchez et épépinez les pommes, puis coupez-les en deux dans le sens de la hauteur. Coupez les moitiés de pommes en tranches très fines (2 mm d'épaisseur) à l'aide d'une mandoline ou d'un couteau bien aiguisé. Chemisez le fond du moule à charlotte avec les tranches de pommes en formant une belle rosace. Remplissez le moule jusqu'en haut, en tassant bien les pommes – elles vont réduire à la cuisson, il faut donc presser fortement. Saupoudrez les pommes de sucre vanillé et de cannelle en poudre toutes les 3 couches.

Préchauffez le four à 170 °C (th. 5/6).

La cuisson de ce dessert est très importante car le gâteau doit être fondant sans que les pommes ne soient délitées, ou pis réduites en compote ! Faites cuire pendant 1 heure à 1 h 30 au bain-marie, en prenant soin d'entourer le moule de deux couches d'aluminium. Mettez le moule toujours recouvert de papier d'aluminium au bain-marie dans le four et laissez cuire encore 1 heure à 1 h 30. Afin d'éviter que le caramel ne se fige, démoulez la charlotte tiède sur le plat de service. Laissez reposer 2 heures au réfrigérateur avant de la servir nature, ou mieux, accompagnée de crème anglaise à la vanille (voir recette p. 252).

Choux à la crème

Pour sa première visite sur le canapé rouge, Juliette Gréco voulait un chou à la crème que lui achetait sa grand-mère dans une pâtisserie de Bordeaux. Quand je lui ai demandé si elle les goûterait, elle m'a répondu : « Je ne mange pas à l'antenne, je préfère montrer mon cul. » Elle a mangé ses choux dans sa loge, nous l'avons vue et entendue, rien d'autre.

Ingrédients pour 8 choux

Pour la pâte à choux
5 cl de lait entier
5 cl d'eau
1 pincée de sel
1 cuillerée à café de sucre semoule
50 g de beurre
60 g de farine
2 œufs entiers
1 cuillerée à soupe de sucre glace

Pour la crème pâtissière
1/4 litre de lait entier
1/2 gousse de vanille
2 œufs entiers
60 g de sucre semoule
20 g de farine

Préparez les choux. Dans une casserole, portez à ébullition le lait, l'eau, le sel, le sucre et le beurre. Hors du feu, ajoutez la farine en pluie. À feu doux, desséchez la pâte 1 minute à l'aide d'une cuillère en bois. Versez la préparation dans un petit saladier. Incorporez les œufs l'un après l'autre, en remuant énergiquement. Couvrez.

Préchauffez le four à 220 °C (th. 7). Passez la plaque à pâtisserie sous l'eau. Ne l'essuyez pas. À l'aide d'une cuillère à soupe, ou d'une poche à pâtisserie, formez 8 choux. À travers une passoire fine, saupoudrez-les très légèrement de sucre glace. Mettez au four sans attendre. Après 12 minutes de cuisson, baissez la température du four à 190 °C (th. 6). Prolongez la cuisson 15 minutes. La pâte doit être dorée, plutôt blonde, mais néanmoins moelleuse. Laissez refroidir sur une assiette.

Préparez la crème pâtissière. Dans une casserole, portez le lait à ébullition. Ajoutez la demi-gousse de vanille fendue et grattée. Couvrez. Laissez infuser.

Dans un saladier, fouettez les œufs avec le sucre jusqu'à ce que le mélange blanchisse. Ajoutez la farine, mélangez. Versez le lait bouillant. Transvasez la crème dans une casserole à fond épais et laissez cuire jusqu'à ébullition, en remuant constamment avec le fouet. Retirez la gousse de vanille, versez la crème dans un saladier. Couvrez. Laissez refroidir.

Fendez les choux en deux sans les séparer complètement, puis garnissez-les de crème à l'aide d'une cuillère.

Confiture de mirabelles entières

Chevallier et Laspalès, deux compères gourmands... Laspalès est vigneron, Chevallier est photographe. La saison très courte des mirabelles m'a permis de leur faire goûter la confiture que je fais tous les ans avec les fruits de mon pays natal. Chacun est reparti avec un pot.

Ingrédients pour 8 pots de 375 g

2,2 kg de mirabelles
1,6 kg de sucre cristallisé
Le jus de 2 citrons

Passez les mirabelles sous l'eau fraîche, égouttez et dénoyautez-les. Mélangez-les avec le sucre dans un saladier. Couvrez et gardez au frais pendant 24 heures, en remuant plusieurs fois.

Égouttez les fruits dans une passoire au-dessus de la bassine à confiture, pendant une quinzaine de minutes. Récupérez le sucre dans le fond du saladier. Portez lentement à ébullition le jus recueilli et le sucre récupéré et comptez 4 minutes de cuisson (102 °C au thermomètre), sans toucher à l'écume blanche qui se forme à la surface. Ajoutez les mirabelles. Faites repartir l'ébullition et laissez cuire 20 minutes à petits bouillottements, en écumant soigneusement après 15 minutes. Ajoutez le jus de citron et maintenez la cuisson 20 minutes, en remuant doucement. Les mirabelles doivent être transparentes. Remplissez chaque pot jusqu'en haut avec la confiture obtenue. Fermez le couvercle (il doit toujours être neuf), retournez le pot et laissez dans cette position jusqu'à refroidissement.

Nota bene

Le temps de cuisson peut varier selon la qualité et la maturité des fruits.

Coquillettes au chocolat

Les spécialistes de la météo, toutes chaînes confondues, étaient les invités de Vivement dimanche prochain, *quoi leur préparer ? Pendant la période de disette de l'après-guerre, et les hivers rigoureux, ma grand-mère me préparait des coquillettes au chocolat ; « ça tient au corps, mon petit », disait-elle. Sophie Davant m'a semblé préférer des plats plus légers.*

Ingrédients pour 6 personnes

1 litre de lait entier
50 g de sucre en poudre + 1 cuillerée à soupe pour la cuisson des coquillettes
100 g de chocolat noir à cuire
200 g de coquillettes
2 cuillerées à soupe rases de cacao en poudre non sucré
1 œuf entier + 1 jaune
1 cuillerée à soupe rase de farine
2 cuillerées à soupe de confiture d'oranges

Portez 75 cl de lait à ébullition. Ajoutez une cuillerée à soupe de sucre, et le chocolat coupé en petits morceaux. Mélangez. Lorsque le chocolat est parfaitement fondu, ajoutez les coquillettes. Réduisez la puissance à feu doux pour laisser aux pâtes le temps d'absorber la presque totalité du lait.

Dans une casserole, mélangez les 25 cl de lait restant avec le cacao en poudre. Dans un saladier, battez au fouet le jaune d'œuf et l'œuf entier avec les 50 g de sucre jusqu'à ce que le mélange blanchisse et devienne onctueux ; ajoutez la farine en continuant de fouetter puis, petit à petit, le lait au cacao. Reversez le tout dans la casserole sur feu moyen et portez à ébullition sans cesser de remuer : la crème épaissit après deux ou trois bouillons. Ajoutez alors la confiture d'oranges. Versez la crème sur les coquillettes et mélangez bien. Servez tiède ou froid.

Suggestion

Ajoutez une giclée de rhum dans l'eau de cuisson des coquillettes.

Crèmes au café

Elle venait de faire des débuts brillantissimes au théâtre, où elle n'était pas spécialement attendue, Amanda Lear était l'invitée principale de l'émission. Je la connais depuis longtemps, elle n'a pas hésité à me suggérer son dessert préféré, une crème au café.

Ingrédients pour 6 personnes

1/2 litre de lait entier
3 tasses à café très serré
2 œufs entiers + 2 jaunes
130 g de sucre semoule
Cacao en poudre

Préchauffez le four à 180 °C (th. 6).

Faites chauffer le lait avec le café, en remuant à l'aide d'un fouet. Couvrez, laissez infuser 10 minutes hors du feu.

Réunissez 2 jaunes d'œufs, 2 œufs entiers et le sucre. Fouettez quelques instants pour bien mélanger. Ajoutez le lait parfumé au café. Laissez reposer. Enlevez à l'aide d'une cuillère la mousse qui recouvre la surface. Filtrez l'appareil au-dessus d'un saladier à travers une passoire fine.

Remplissez 4 tasses à potage ou à thé (ou 8 petits ramequins). Placez-les au bain-marie (eau chaude), sur trois ou quatre épaisseurs de papier (journal par exemple). Couvrez d'une feuille d'aluminium et enfournez pour 1 heure. Laissez refroidir hors du bain-marie.

Décorez avec le cacao en poudre, saupoudré à travers une passoire fine.

Crémet d'Anjou

Légère, facile à faire, pratique, la recette du crémet d'Anjou me semblait convenir à toutes ces jeunes personnes qui chantaient et gambadaient dans un spécial « comédies musicales ».

Ingrédients pour 6 personnes

25 cl de fromage blanc
25 cl de crème liquide entière bien froide
100 g de sucre en poudre, vanillé ou non
6 blancs d'œufs
1 pincée de sel
6 moules à fromage blanc ou 1 passoir
1 carré de gaze

Mélangez, fouettez le fromage blanc et la crème fraîche liquide dans un saladier très froid, en ajoutant le sucre petit à petit pour obtenir une crème Chantilly.

Battez les blancs en neige avec une pincée de sel. Incorporez délicatement les blancs en neige à la chantilly.

Garnissez de gaze le fond d'une passoire, versez le mélange et laissez reposer au minimum 8 heures au réfrigérateur pour que la préparation s'égoutte bien.

Démoulez le crémet et servez avec du sucre en poudre et des fruits rouges ou du coulis.

Crêpes Dadou

J'avais déjà fait des crêpes pour Nicolas Sarkozy avant qu'il n'accède à la présidence, j'ai gardé un très mauvais souvenir de cette émission. Celle qui a été consacrée à Luc Besson m'a permis de rencontrer un homme délicieux et surtout sa maman, femme exquise, que j'aimerais bien revoir... On ne sait jamais.

Ingrédients pour une vingtaine de crêpes

250 g de farine
125 g de sucre roux
6 œufs entiers
1 litre de lait entier
1 gousse de vanille fendue et grattée
1 pincée de fleur de sel
Mélange beurre demi-sel et huile pour la cuisson dans la poêle

Versez la farine et le sucre dans un saladier. Faites une fontaine, cassez les œufs un à un tout en mélangeant sans grumeaux, ajoutez le lait petit à petit et la vanille et mélangez jusqu'à l'obtention d'une pâte lisse.

Laissez la pâte reposer une bonne heure à la température de la pièce.

Faites chauffer la poêle et badigeonnez-la à l'aide d'un pinceau trempé dans le mélange huile et beurre fondu. Versez une louche de pâte, remuez la poêle afin qu'elle se répande sur la surface. Veillez à ce que l'épaisseur soit la plus fine possible. Faites cuire 30 secondes d'un côté. Retournez la crêpe à l'aide d'une spatule de cuisine, ou en la faisant sauter pour peu que l'on manifeste une certaine adresse... Soulevez avec la spatule pour vérifier la cuisson selon votre goût ; cuite, laissez-la glisser sur une assiette.

Empilez les crêpes les unes sur les autres. Beurrez la poêle toutes les trois crêpes.

Conseil

Pour réussir les crêpes, la pâte doit être un peu épaisse mais pas trop. Si elle venait à épaissir, il faudrait la détendre en ajoutant un peu de lait.

Crique ardéchoise au sucre

Nicole Croisille voulait un assortiment de recettes à base de légumes, je lui en ai préparé trois, dont la recette de crique de pommes de terre sucrée. Je crois bien qu'elle est végétarienne.

Ingrédients pour 4 personnes

4 pommes de terre (grosses)
4 œufs
4 cuillerées à soupe de sucre en poudre
50 g de beurre

Épluchez les pommes de terre, puis râpez-les dans un saladier. Cassez les œufs l'un après l'autre en séparant le blanc du jaune. Mettez les jaunes dans les pommes de terre et le blanc dans un autre saladier. Mélangez les pommes de terre, les jaunes d'œufs et le sucre. Montez les blancs en neige très ferme.

Préchauffez le four à 240 °C (th. 8).

Incorporez les blancs à l'appareil de pommes de terre. Beurrez 4 petites poêles à blinis et répartissez la crique en égalisant bien le dessus. Faites cuire au four pendant 15 à 20 minutes. À l'aide d'une spatule, retournez les petites criques à mi-cuisson. Servez chaudes ou tièdes avec la confiture de votre choix.

Crumble aux pommes

Quand Sabine Azéma prononce les mots sucré-douceur, les effluves chocolatées, les exhalaisons de parfums exotiques se répandent ; ces mots qu'elle susurre magnifient leur sens et nous conduisent instantanément vers le péché de gourmandise. Elle a voulu un crumble aux pommes.

Ingrédients pour 6 personnes

800 g de pommes fermes, croquantes et acidulées
1 cuillerée à soupe de beurre
1/2 gousse de vanille ou 1/2 sachet de sucre vanillé
1 cuillerée à café de cannelle en poudre
100 g de sucre en poudre
1 cuillerée à soupe de miel
1/2 citron jaune

Pour la pâte

70 g de farine
30 g de beurre
30 g de sucre glace
1 cuillerée à soupe de lait

Mettez dans un saladier la farine, le beurre, le sucre glace, puis travaillez du bout des doigts. Ajoutez 1 cuillerée à soupe de lait froid pour obtenir une pâte un peu friable. Couvrez et réservez au réfrigérateur.

Épluchez les pommes, mettez-les dans un saladier d'eau froide citronnée, pour éviter qu'elles noircissent. Dans une casserole, faites fondre 30 g de beurre, ajoutez la moitié des pommes coupées en quartiers, la vanille fendue et bien grattée, la moitié de la cannelle. Couvrez et laissez compoter 10 minutes. Ajoutez le sucre et le miel. Maintenez la cuisson 10 minutes. Réservez.

Préchauffez le four à 200 °C (th. 6/7).

Coupez les pommes restantes en petits dés de 1 cm de côté environ. Étalez dans le fond d'un plat à gratin et mettez au four 15 minutes. Sans éteindre le four, retirez le plat et mélangez les dés de pommes avec la compote, après avoir retiré la gousse de vanille.

Sortez la pâte du réfrigérateur, émiettez-la grossièrement entre les doigts. Recouvrez les pommes, avec le reste de cannelle. Remettez le plat au four pour 35 minutes. Ouvrez la porte trois ou quatre fois en cours de cuisson, pour que la vapeur s'échappe et que la pâte reste bien croustillante. Servez chaud ou tiède.

Suggestion

Vous pouvez préparer la pâte la veille.

Flan léger maison

Jean Dujardin est le brillant comédien que tout le monde connaît, mais qui sait que cet homme est profondément gentil, humain et généreux ? Il aime les flans de pâtissiers. Lorsque nous l'avons tourné, je n'imaginais pas que la poudre à flan industrielle pouvait également servir de colle pour les papiers peints... Il a préféré mon flan maison, qui n'avait pas grand-chose de ressemblant avec le flan industriel.

Ingrédients pour 6 personnes

1/2 litre de lait entier
30 g de crème fraîche épaisse
150 g de sucre en poudre
2 œufs entiers + 2 jaunes
1 pincée de sel
Arôme au choix : vanille, fleur d'oranger

Préchauffez le four à 160 °C (th. 5/6).

Faites tiédir le lait, ajoutez la crème fraîche, la pincée de sel, le sucre et l'arôme choisi.

Dans un saladier, battez les œufs avec les jaunes. Incorporez la préparation au lait sucré, hors du feu.

Beurrez un plat creux. Versez le flan. Placez le plat dans la lèchefrite recouverte d'un journal plié. Versez l'eau pour faire le bain-marie. Enfournez, comptez de 30 à 35 minutes de cuisson.

À la sortie du four, saupoudrez avec un peu de sucre semoule ou glace. Laissez refroidir, puis placez au réfrigérateur pendant 1 heure. Servez à la cuillère avec une brioche et des confitures.

Galette des rois aux amandes

Quand les invités sont peu disponibles, les fêtes carillonnées sont d'un grand secours. Jean-Michel Jarre nous a rejoints sur le canapé rouge entre deux concerts ; après les agapes des fêtes de fin d'année, il faut bien se résoudre à tirer les rois pour respecter la tradition. La couronne en carton va très bien à Michel Drucker.

Ingrédients pour 8 personnes

2 rouleaux de pâte feuilletée
1 œuf

Pour la crème pâtissière

50 cl de lait entier
1 gousse de vanille
1 œuf entier + 4 jaunes
150 g de sucre en poudre
40 g de farine

Pour la crème d'amande

110 g de beurre
125 g d'amandes en poudre
12 g de farine
90 g de sucre glace
1 cuillerée à soupe de rhum
1 œuf entier

Préparez la crème pâtissière. Dans une casserole, portez le lait à ébullition, ajoutez la gousse de vanille fendue et bien grattée. Couvrez et laissez infuser. Dans un saladier, battez au fouet les 4 jaunes d'œufs, l'œuf entier et le sucre jusqu'à ce que le mélange blanchisse. Ajoutez la farine, puis le lait bouillant. Versez la crème dans une casserole à fond épais et laissez cuire jusqu'à ébullition, tout en remuant. Couvrez et laissez refroidir.

Préparez la crème d'amande. Dans un bol, pétrissez le beurre pour obtenir une pommade, puis ajoutez les amandes en poudre, la farine, le sucre glace, le rhum et l'œuf, et continuez à pétrir pour obtenir une pâte homogène.

Préchauffez le four à 240 °C (th. 8).

Mélangez la crème pâtissière et la crème d'amande. N'oubliez pas la fève. Dans un bol, battez un œuf. Beurrez la plaque à pâtisserie du four et posez la pâte feuilletée, puis à l'aide d'un pinceau badigeonnez d'œuf battu le bord de la pâte sur 1 cm. Étalez la préparation au centre de la pâte sans déborder sur le tour enduit d'œuf. Recouvrez de la seconde pâte, puis appuyez sur les bords pour bien souder les deux morceaux et, avec un pinceau, badigeonnez toute la surface de la pâte avec le reste d'œuf. Avec la pointe d'un couteau, rayez la surface de la pâte en dessinant des losanges. Mettez au four pour 10 minutes à 240 °C (th. 8), puis 25 minutes à 180 °C (th. 6). Sortez la galette, laissez refroidir et servez.

Gâteau à l'ananas

Michel Boujenah est sympathique, il aime les pâtisseries aux fruits. Le gâteau à l'ananas est presque une recette pour les enfants. Voilà encore une recette économique. Il se prépare à l'avance, la veille ou l'avant-veille, donc aucun souci de « timing ». Si vous passez au mixeur les restes de ce gâteau, vous obtiendrez un coulis d'ananas pour accompagner le dessert du lendemain (semoule, puddings, œufs à la neige, etc.).

À faire la veille

Ingrédients pour 6 personnes

1 boîte 4/4 d'ananas au sirop
Le zeste râpé d'un citron
150 g de sucre en poudre
4 œufs entiers
2 cuillerées à soupe de farine
3 cuillerées à soupe de kirsch
6 morceaux de sucre pour caraméliser le moule

Passez au mixeur les tranches d'ananas avec 2 cuillerées à soupe de leur jus et le zeste râpé du citron. Versez la purée ainsi obtenue dans une casserole, ajoutez les 150 g de sucre, portez à ébullition, faites bouillotter 10 minutes. Laissez refroidir.

Préchauffez le four à 150 °C (th. 5).

Battez les œufs en omelette. Incorporez la farine, le kirsch ; ajoutez ce mélange à la purée froide d'ananas (le mélange doit être homogène).

Déposez les morceaux de sucre dans le moule à charlotte, ajoutez 1 cuillerée à soupe d'eau et posez le moule sur feu doux. Le sucre commence à fondre puis à caraméliser. Dès que le caramel est blond, retirez du feu et faites glisser le caramel le long des parois du moule. Versez la purée d'ananas dans le moule et faites cuire 1 h 30 au four.

Laissez refroidir et mettez au réfrigérateur jusqu'au lendemain. Démoulez au dernier moment, en plongeant le moule quelques secondes dans un récipient d'eau bouillante, avant de le retourner sur le plat de service.

Gâteau au chocolat, crème Chantilly

Les deux Pierre étaient sur le plateau Richard interprétait la pièce de Palmade. L'accord s'est fait très vite sur le chocolat. Pierre Richard en a mangé plus que Pierre Palmade : il jouait le soir.

Ingrédients pour 4 personnes

125 g de chocolat noir à 70 % de cacao
125 g de beurre
3 œufs
125 g de sucre en poudre
1 cuillerée à soupe rase de farine (ou la même quantité de poudre d'amandes)

Pour la crème Chantilly

1 litre de crème fraîche entière liquide ou épaisse et détendue avec quelques cuillerées à soupe d'eau froide
130 g de sucre
1 gousse de vanille ou 1 sachet de sucre vanillé (facultatif)
10 cl d'eau

Préparez la crème Chantilly. *Les ingrédients et les ustensiles doivent impérativement être très froids. Il faut les placer au réfrigérateur à l'avance.* Dans une casserole, versez l'eau, ajoutez le sucre et la gousse de vanille fendue et bien grattée (ou le sucre vanillé). Portez à ébullition, retirez du feu. Couvrez et laissez refroidir, puis réservez au réfrigérateur. Versez la crème fraîche dans un bol, ajoutez le sirop après avoir retiré la gousse de vanille et commencez à battre doucement au fouet ou au batteur, puis plus vite dès que la crème commence à prendre. Surveillez attentivement la crème : elle risque de tourner en beurre si elle est fouettée trop longtemps. Couvrez et réservez au réfrigérateur jusqu'à l'emploi.

Préchauffez le four à 180 °C (th. 6). Garnissez le fond d'un moule à manqué d'une feuille de papier sulfurisé et beurrez le fond et les parois du moule. Coupez le chocolat en morceaux et faites-le fondre avec une cuillerée d'eau à feu très doux. Ajoutez le beurre coupé en petits morceaux, mélangez bien avec une cuillère de bois.

Séparez les jaunes des blancs d'œufs. Dans un saladier, battez les jaunes et le sucre, quand le mélange blanchit, ajoutez doucement le chocolat fondu, puis la farine versée en pluie. Montez les blancs en neige pas trop ferme, versez la moitié dans le saladier et remuez délicatement, en soulevant la masse avec une cuillère ou une spatule, puis incorporez l'autre moitié. Quand la préparation est homogène, versez-la dans le moule à manqué. Faites cuire immédiatement au bain-marie dans le four pendant 30 minutes au maximum. Le dessus doit être légèrement croûté, l'intérieur tout à fait moelleux. Vérifiez la cuisson avec la pointe d'un couteau : elle doit sortir engluée de pâte. Laissez refroidir avant de démouler, en retournant le moule sur le plat de service.

Servez le gâteau avec le bol de crème Chantilly.

Suggestion

Vous pouvez réaliser une crème Chantilly non sucrée : versez la crème fraîche liquide (crème fleurette ou crème épaisse détendue avec un peu d'eau froide) dans un saladier. Avec un fouet, commencez doucement mais régulièrement à fouetter. La crème doit doubler de volume. Après un démarrage lent, accélérez le mouvement jusqu'à ce que la crème fouettée ressemble à des œufs en neige.

Gâteau aux noix et au citron (*Karidopita me limoni*)

Stéphane Bern est revenu, pour la deuxième fois ; c'est un plaisir, en hiver, alors qu'il ne part pas dans sa maison en Grèce, que de lui concocter une spécialité locale.

Ingrédients pour 6 à 8 personnes

125 g de beurre mou
200 g de sucre en poudre
4 œufs
200 g de farine
1 cuillerée à café de levure
250 g de noix décortiquées
1 citron non traité

Pour le sirop

40 cl d'eau
250 g de sucre
1 bâton de cannelle

Préchauffez le four à 160 °C (th. 5).

Battez le beurre ramolli avec le sucre. Séparez les blancs des jaunes d'œufs, ajoutez les jaunes un à un, tout en fouettant la préparation. Versez en pluie fine la farine et la levure, puis incorporez les noix grossièrement hachées et le zeste du citron.

Montez les blancs en neige, mélangez-les avec la préparation, puis versez dans un moule préalablement beurré. Faites cuire pendant 40 à 45 minutes (vérifiez la cuisson avec une aiguille, qui doit ressortir lisse).

Pendant ce temps, préparez le sirop. Dans une casserole, mélangez l'eau, le sucre, le bâton de cannelle et le jus du citron, et faites cuire à feu moyen pendant quinze bonnes minutes.

Sortez le gâteau du four, versez dessus le sirop froid, puis démoulez le gâteau.

Gâteau des rois

La galette des rois est traditionnellement celle que j'avais réalisée pour Jean-Michel Jarre (voir p. 269). Il en existe une autre, moins connue, plus bordelaise que parisienne, celle que j'avais élaborée pour Mireille Mathieu.

Ingrédients pour 6 personnes

250 g de farine de gruau type 45
2 œufs entiers (+ 2 jaunes pour la dorure)
15 g de levure de boulanger
2 cuillerées à soupe de lait tiède
25 g de sucre semoule
1 cuillerée à café de sel
125 g de beurre bien mou
50 g de fruits confits
1 zeste de citron jaune non traité
1 zeste d'orange non traitée
20 g de rhum brun
1 cuillerée à café de fleur d'oranger
Sucre cristallisé

Déposez la farine sur le plan de travail, creusez une fontaine au milieu, versez-y les œufs, la levure diluée dans le lait tiède, le sucre semoule et le sel. Mélangez avec la main. Pétrissez cette pâte énergiquement en la soulevant et en la frappant contre la table. Incorporez ensuite, progressivement, le beurre mou émietté. Travaillez la pâte 10 minutes jusqu'à ce qu'elle soit lisse et homogène et se décolle facilement du plan de travail. Ajoutez le reste des ingrédients sans les fruits confits et mélangez encore quelques minutes. Placez-la dans un saladier recouvert d'un torchon propre et laissez-la lever 1 heure à température ambiante.

Ce temps écoulé, enveloppez-la de film alimentaire et réservez-la encore 1 heure au réfrigérateur.

Sortez la pâte du réfrigérateur, pratiquez un trou au centre et façonnez-la pour donner la forme d'une couronne, cachez une fève dans celle-ci, puis laissez à nouveau lever 1 heure.

Préchauffez votre four à 150 °C (th. 5).

Préparez la dorure en fouettant les jaunes d'œufs à la fourchette. Badigeonnez-en la pâte, incisez le dessus avec un couteau, puis saupoudrez-la de sucre cristallisé. Faites cuire de 20 à 25 minutes au four. Laissez ensuite refroidir le gâteau à température ambiante et décorez-le de fruits confits.

Gelée de coing

On imagine toujours Olivier de Kersauson, gentilhomme corsaire de terre et de mer, avec un verre de rhum à la main, détrompez-vous. Il manie la verve pour camoufler sa pudeur, peut-être même sa timidité. Il aime les douceurs, la suavité, le délicat, la subtilité, pourquoi pas la gelée de coing. Depuis ce jour, quand je sais le croiser, j'essaie de lui apporter quelques pots de ma fabrication.

Ingrédients pour 4 pots de 375 g

1,4 kg de coings
800 g de sucre cristallisé
1,6 litre d'eau
Le jus de 1 citron

Essuyez les coings avec un torchon pour retirer le fin duvet qui les recouvre. Coupez-les en quartiers avec la peau et mettez-les dans l'extracteur de jus, sinon retirez cœurs, pépins et tavelures, et coupez les quartiers en tranches fines, mettez-les dans la bassine à confiture avec l'eau et le jus de citron (le jus de citron éclaircit la couleur de la gelée). Portez à ébullition et laissez bouillotter 1 heure en remuant fréquemment. Égouttez dans une passoire fine au-dessus d'un saladier, en appuyant sur les fruits avec le dos de la louche. Gardez la pulpe pour faire des pâtes de coings.

Versez dans la bassine le jus recueilli, ajoutez le sucre. Portez lentement à ébullition et maintenez la cuisson 1 heure à bouillottement. Écumez après 15 minutes et à nouveau après 40 minutes de cuisson. Mettez en pots aussitôt. Une fois rempli, fermez chaque pot avec le couvercle (il doit être neuf), retournez le pot et laissez-le dans cette position jusqu'à refroidissement.

Nota bene

Vous pouvez remplacer un cinquième du poids des coings par des pommes.

Glace à la vanille

Ingrédients pour 1 litre

70 cl de lait entier
30 cl de crème fleurette entière
4 gousses de vanille
130 g de sucre en poudre
12 jaunes d'œufs

Versez le lait et la crème liquide dans une casserole. Fendez les gousses de vanille dans la longueur et grattez l'intérieur avec la pointe d'un couteau. Déposez les grains et les gousses dans le lait. Portez à ébullition, puis ajoutez la moitié du sucre en poudre.

Fouettez les jaunes avec le reste du sucre semoule et ajoutez le lait bouillant. Reversez le tout dans la casserole et faites cuire quelques secondes en remuant avec une spatule en bois - ce mélange ne doit pas bouillir.

Dès que la crème devient onctueuse, ôtez immédiatement la casserole du feu et versez la préparation en la tamisant, dans un saladier, afin d'arrêter la cuisson. Donnez un coup de fouet pour lisser la crème. Réservez au réfrigérateur jusqu'à complet refroidissement. Faites ensuite glacer en sorbetière, puis réservez au congélateur.

Suggestions

Les blancs d'œufs pourront être utilisés pour réaliser des meringues (voir recette p. 284).
Vous pouvez réaliser une glace à la rose, en remplaçant la vanille par 6 cuillerées à soupe de sirop de rose et en ne mettant que 100 g de sucre.

Kouign amann

Après son triomphe de chansons bretonnes, Nolwenn Leroy fut l'invitée de Michel Drucker. Comment l'honorer ? Michel Izard, le grand boulanger de Lannilis, est venu lui faire un kouign amann. Beaucoup de travail que de le faire soi-même, mais quel régal !

Ingrédients pour 15 à 16 personnes

650 g de farine de froment	200 g d'eau
100 g de farine de sarrasin	200 g de lait entier
45 g de levure de boulanger	750 g de beurre demi-sel
10 g de sel fin	220 g de sucre

Dans un grand saladier, mélangez les deux farines, la levure et le sel. Faites un puits, versez l'eau délicatement tout en remuant, puis le lait en remuant toujours. Malaxez la pâte et pétrissez-la pendant 10 minutes. Formez une boule, emballez-la dans un torchon et faites reposer 30 minutes à température ambiante. Puis à nouveau 30 minutes dans votre réfrigérateur.

Sur votre plan de travail, tapez et roulez le beurre demi-sel afin d'obtenir un rectangle de 0,5 cm d'épaisseur. Réservez au frais (environ 15 °C) pendant 10 minutes. Reprenez la pâte, et étalez-la en forme de rectangle. Posez le rectangle de beurre par-dessus. Pliez la pâte en deux. Étalez au rouleau pâte et beurre pour obtenir un nouveau rectangle de 0,5 cm d'épaisseur. Repliez la pâte en deux, et étalez dans le sens inverse, afin d'obtenir le même rectangle. Saupoudrez la moitié de la pâte avec le sucre, pliez. Saupoudrez avec le sucre restant, pliez, et repliez de nouveau. Laissez 30 minutes au réfrigérateur.

Étalez la pâte. Beurrez deux grands moules ronds, saupoudrez de sucre en poudre pour caraméliser à la cuisson. Coupez la pâte en deux parts, déposez-les dans les moules, puis rabattez les coins vers le centre. Laissez reposer 30 minutes à température ambiante.

Préchauffez votre four à 180 °C (th. 6).

Enfournez pour 40 à 45 minutes. À la sortie du four, laissez tiédir avant de démouler. Servez froid ou tiède. Le kouign amann se conserve jusqu'à une semaine hors du réfrigérateur.

Recette de Michel Izard

La Maison du Boulanger – 3, rue des Marchands – 29870 Lannilis
Tél. : 02 98 04 48 05

Macaron

Pour la 300e émission, il fallait que les spectateurs et les invités puissent partager et goûter la recette très spéciale, une énorme pièce montée composée de milliers de petits macarons. Il y en avait suffisamment pour régaler tout le monde. Voici la recette.

Ingrédients pour 80 macarons environ

200 g de blancs d'œufs
30 g de sucre semoule
250 g d'amandes en poudre
400 g de sucre glace
1 pincée de sel

Faites monter en neige 200 g de blancs d'œufs avec une pincée de sel, en y incorporant progressivement 30 g de sucre semoule.

Mélangez 250 g d'amandes en poudre et 400 g de sucre glace, puis tamisez deux fois ce mélange.

Quand les blancs sont bien montés, incorporez-les à la préparation à base de sucre et d'amande afin d'obtenir un mélange homogène. Dressez les macarons sur une plaque recouverte d'une feuille de cuisson, à l'aide d'une poche et d'une douille unie n° 4. Laissez croûter les macarons pendant 15 minutes environ hors du four avant la cuisson. Préchauffez le four à 180 °C (th. 6).

Faites cuire 12 minutes sans laisser prendre trop de couleur.

Laissez refroidir, puis retournez les macarons afin de les garnir avec la crème de votre choix, selon le parfum.

Maud choc-framboise

Maud Fontenoy aime le chocolat et les framboises. Dominique Riou, très grand chocolatier-pâtissier à Arcens, a créé ce gâteau en son honneur. Il me semble bien qu'elle en avait emporté quelques parts chez elle à Marseille.

Ingrédients pour 6 personnes

Pour la génoise au chocolat
5 œufs entiers
125 g de sucre
100 g de farine
25 g de cacao en poudre
50 g de framboise

Pour la mousse au chocolat

300 g de chocolat noir
180 g de beurre à température ambiante
5 jaunes d'œufs
7 blancs d'œufs
50 g de sucre

Pour le sirop à puncher

30 g de sucre
100 g d'eau

Pour le montage

50 g de coulis de framboises
200 g de framboises

Préparez la génoise. Préchauffez le four à 170 °C (th. 5/6). Mettez les œufs battus et le sucre dans un saladier et maintenez-les dans un bain-marie tiède (le mélange œuf-sucre doit rester tiède, jamais davantage). Lorsque le mélange devient mousseux, retirez du bain-marie et continuez à mélanger jusqu'à refroidissement. Incorporez petit à petit la farine et le cacao en poudre dans le mélange œuf-sucre. Incorporez avec précaution les framboises. Versez le mélange obtenu dans un moule beurré et fariné. Mettez au four pour 25 minutes. La génoise se décolle légèrement du moule quand elle est cuite. Démoulez immédiatement et laissez refroidir.

Préparez la mousse au chocolat. Faites fondre le chocolat au bain-marie. Mélangez le beurre en pommade au chocolat chaud. Ajoutez les jaunes d'œufs. Montez les blancs en neige ; à la fin, ajoutez le sucre. Mélangez le tout.

Préparez le sirop en mélangeant l'eau et le sucre. Faites bouillir, puis laissez refroidir.

Montez le gâteau. La génoise et le sirop doivent être bien refroidis. Coupez un disque de génoise d'environ 1 cm d'épaisseur. Posez au milieu d'un cercle. Arrosez avec le sirop. Mettez la mousse au chocolat en formant une cuvette. Au centre, versez un peu de coulis de framboises. Rangez les framboises sur le coulis. Recouvrez de mousse au chocolat. Lissez. Réservez au réfrigérateur, laissez durcir. Démoulez et décorez.

Recette de Dominique Riou
La Gare – 07310 Arcens
Tél. : 04 75 30 41 09

Meringues

Le péché mignon de notre diva Marianne James est la gourmandise. Évident ! son père était le grand pâtissier de Montélimar... Son dessert préféré que lui faisait son papa était une meringue, glace à la vanille, chantilly. Elle en a redemandé... C'est l'occasion d'utiliser les blancs d'œufs réservés lors d'une précédente préparation, crème anglaise par exemple.

Ingrédients pour 4 personnes

3 blancs d'œufs
150 g de sucre en poudre
1 pincée de sel fin
1 cuillerée à soupe de beurre fondu
Sucre glace

Préchauffez le four à 130 °C (th. 3/4).

Réunissez les blancs d'œufs – ils doivent être à température ambiante – et une pincée de sel dans le bol du robot électrique, faites tourner à vitesse lente ; les blancs doivent être oxygénés pour mieux monter. À défaut de robot électrique, montez les blancs dans un récipient approprié à l'aide d'un fouet. Ajoutez 100 g de sucre, cuillère après cuillère. Augmentez la vitesse. Lorsque les blancs sont très fermes, incorporez les 50 g de sucre restant.

Recouvrez la plaque à pâtisserie de papier sulfurisé, beurrez-le avec un pinceau. Posez les blancs en neige à l'aide d'une cuillère à soupe – ou, mieux, une poche et une douille adaptée –, en prenant soin de les espacer suffisamment pour leur permettre de gonfler. Saupoudrez les meringues de sucre glace, puis enfournez. La meringue doit sécher plutôt que cuire, en aucun cas prendre couleur.

Après 1 h 30, éteignez le four et poursuivez le séchage des meringues. Servez les meringues avec de la mousse au citron, de la crème Chantilly, de la glace à la vanille (voir p. 278), etc.

Suggestion

Les blancs d'œufs se conservent une semaine au réfrigérateur, dans une boîte hermétique, d'autant qu'il est bon de les laisser « rassir » un peu, mais il faut impérativement les sortir 1 heure avant de les travailler.

Mousse au chocolat

La présence de Michel Fugain nous a permis de fêter dignement la fête du chocolat. Stéphanie, sa femme, m'avait confié sa recette, et j'ai eu l'idée d'en préparer plusieurs saladiers différents. Tous différents de goût. Quelle recette était la meilleure... devinez.

Ingrédients pour 4 personnes

160 g de chocolat noir ou amer ou bitter ou supérieur le moins sucré possible
3 œufs extra frais
60 g de beurre en pommade
150 g de crème fraîche liquide entière
90 g de sucre en poudre

Cassez le chocolat en petits morceaux, déposez dans une casserole avec 4 cuillerées à soupe d'eau. Faites fondre au bain-marie très lentement.

Séparez les blancs des jaunes d'œufs. Ajoutez au chocolat le beurre en pommade, puis les jaunes. Mélangez. Réservez, sans mettre au réfrigérateur ; l'appareil refroidit et épaissit jusqu'à la consistance d'une pommade.

Battez la crème bien froide en chantilly. Ajoutez la moitié du sucre.

Montez les blancs en neige en incorporant, à la fin de l'opération, l'autre moitié du sucre.

Mélangez chocolat et chantilly d'abord, puis les blancs d'œufs. Réservez le saladier au frais. Décorez avec des copeaux de chocolat (à prélever sur une tablette avec un économe).

Pain perdu à la confiture

Le souvenir d'enfance de Dany Boon : le pain perdu que lui prépare encore sa maman quand il la retrouve dans le Nord. Elle m'a confié sa recette. J'ai été très heureux de bavarder avec elle ; elle est timide et n'a pas voulu être filmée. Dommage, j'aurais aimé la rencontrer. Elle m'a impressionné.

Ingrédients pour 6 personnes

1/4 de litre de lait
50 g de sucre de canne roux + 2 cuillerées à soupe
1 sachet de sucre vanillé
6 tranches de pain blanc de 1,5 cm d'épaisseur
3 gros œufs entiers
25 g de beurre
1 pincée de sel fin
Confitures ou gelées au choix (fraises, abricots, groseille, coing)

Versez le lait dans un saladier, ajoutez le sucre de canne et le sucre vanillé, faites fondre pendant une dizaine de minutes en remuant.

Rangez les tranches de pain dans un plat creux, mouillez avec le lait sucré, retournez-les pour qu'elles absorbent l'excédent de lait. Laissez reposer pendant 15 minutes.

Préchauffez le four à 100 °C (th. 3).

Dans une assiette creuse, battez les œufs en omelette, avec la pincée de sel et 2 cuillerées à soupe de sucre. Faites chauffer un peu de beurre dans une poêle sur feu doux. Trempez 6 tranches de pain dans les œufs battus, déposez-les dans le beurre chaud, laissez dorer, retournez et faites dorer l'autre face. Égouttez les tranches de pain dans un papier absorbant, rangez-les dans le plat de service tenu au chaud à four doux. Renouvelez l'opération jusqu'à épuisement du pain. Servez aussitôt avec les pots de confiture posés sur la table.

Nota bene

Vous pouvez remplacer le lait par de la crème liquide et le pain par de la brioche rassise.
Vous pouvez également servir le pain perdu avec du miel, des quartiers de pommes ou de poires pochés dans un sirop de sucre vanillé, des boules de glace à la vanille, au miel ou au chocolat.

Poires farcies

Sans lui demander son avis, j'ai préparé un dessert pour Franck Dubosc. Une poire farcie. C'était à l'automne, la pleine saison. Il fallait donc en profiter.

Ingrédients pour 4 personnes

4 belles poires bien mûres
(environ 180 g)
50 g de cerneaux de noix
50 g d'abricots secs
50 g de pruneaux
50 g de beurre mou
50 g de raisins secs
Le jus de 1/2 citron

Lavez les poires, coupez un chapeau côté queue, et videz-les à l'aide d'une petite cuillère. Réservez la chair. Citronnez l'intérieur pour éviter qu'elles noircissent.

Hachez à l'aide d'un mixeur les cerneaux de noix, puis ajoutez les abricots, les pruneaux, le beurre et la chair des poires. Réservez la farce et ajoutez les raisins secs. Mélangez. Remplissez les poires avec la farce, puis remettez leur chapeau. Avec un papier d'aluminium, faites une papillote sur chaque poire.

Dans une cocotte, versez un bon litre d'eau et mettez-la sur feu moyen à couvert. À ébullition, mettez les poires bien droites dans l'eau bouillante. Fermez le couvercle et laissez cuire 20 bonnes minutes. Sortez les poires, posez-les dans une assiette.

Servez tiède ou froid.

Pudding au pain

Il a conservé des souvenirs de sa famille pauvre. On sait utiliser les restes quand on subit cette triste situation. Ce pudding au pain m'a paru de circonstance pour Jamel Debbouze. Les proportions sont importantes et peuvent convenir à deux repas.

Ingrédients pour 8 personnes

50 cl de lait
120 g de sucre
120 g de beurre ramolli
200 g de mie de pain émiettée
6 œufs entiers
1 pot de confiture d'abricots ou de fraises

Préchauffez le four à 200 °C (th. 6/7).

Étalez une épaisse couche de confiture dans le fond d'un plat à four.

Faites chauffer le lait dans une casserole sur feu doux ; ajoutez le sucre, le beurre ramolli, les miettes de pain ; remuez vigoureusement avec une cuillère en bois jusqu'à obtenir une pâte homogène. Ajoutez alors les six œufs battus en omelette, mélangez bien et versez la préparation sur la confiture. Enfournez pour 45 minutes.

Servez chaud, tiède ou froid.

Suggestion

À défaut de mie de pain, les restes de baguette ou de pain de campagne bien croûtés conviennent, mais il faudra les faire tremper dans de l'eau chaude, les égoutter et les presser entre les mains avant de les utiliser. Si vous disposez d'un mixeur ou d'un robot, c'est l'occasion de l'utiliser pour battre la pâte. Sinon, un fouet à main fera l'affaire.

Pudding aux mendiants

Toutes les fêtes de fin d'année, Françoise Coquet, la productrice de l'émission, concocte un Best Off – un pot-pourri – des meilleures séquences de l'année écoulée. Tous les chroniqueurs de l'émission sont réunis, le pudding aux mendiants n'est pas le plat le plus léger de tous ceux réalisés, mais quand on a à préparer un goûter pour des enfants, ils adorent.

Ingrédients pour 10 personnes

300 g de pain rassis
1,5 litre de thé chaud
2 figues sèches
3 abricots secs
20 g de raisins secs
50 g d'amandes émondées
50 g de noisettes entières
Quelques zestes d'orange et de citron confits
1/2 litre de lait demi-écrémé
4 œufs entiers
250 g de sucre
250 g de beurre
1 sachet de sucre vanillé

Préchauffez le four à 180 °C (th. 6).

Coupez les fruits secs en morceaux, trempez-les dans le thé chaud environ 30 minutes.

Pendant ce temps, imbibez dans le lait demi-écrémé des petits morceaux de pain rassis, malaxez puis essorez. Ajoutez les œufs battus, le sucre, le beurre fondu et 1 sachet de sucre vanillé. Égouttez les fruits secs et incorporez-les au mélange.

Dans une cocotte, faites chauffer le tout 10 minutes à feu doux en remuant souvent, puis versez la préparation dans un moule à charlotte beurré et laissez cuire doucement dans votre four pendant 45 minutes au bain-marie.

Laissez refroidir et démoulez.

Savarin ou baba au rhum

On s'imagine que la pâte à baba est compliquée à mettre en œuvre. Erreur. Surtout quand un homme de l'art comme Fabrice Gwizdak, le grand boulanger-pâtissier de Nancy, vous apprend ses tours de main. Michel Delpech n'a pas regretté me l'avoir suggéré.

Ingrédients pour 4 personnes

200 g d'eau chaude
450 g de farine
35 g de levure de boulanger (cube de levure fraîche)
5 œufs entiers
40 g de sucre
10 g de sel fin
120 g de beurre fondu

Pour le sirop

1 litre d'eau
500 g de sucre
150 g à 200 g de rhum brun

Faites un petit levain, c'est-à-dire mélangez l'eau chaude, 200 g de farine et la levure. Recouvrez avec le reste de farine (250 g). En poussant, le levain apparaît au milieu de la farine au bout de 15 minutes environ. Rajoutez les œufs, le sucre, le sel. Mélangez avec une cuillère en bois. Lorsque le mélange est homogène, versez le beurre chaud sur la préparation.

Préchauffez le four à 180 °C (th. 6).

Incorporez le beurre dans la préparation avec la cuillère en bois. Au bout de 3 minutes, on a la pâte finale. Posez un torchon sur la pâte. Attendez entre 15 et 20 minutes que la pâte monte légèrement, puis mettez-la dans un moule avec une cuillère à soupe ou une poche. Remplissez les moules à savarin de moitié. Replacez le torchon sur les moules. Attendez que la pâte monte jusqu'aux trois quarts du moule et enfournez pour environ 25 minutes.

Démoulez, posez les savarins sur une grille et remettez-les au four 5 minutes pour finir la cuisson et les dorer.

Dans une casserole, faites chauffer l'eau avec le sucre et le rhum jusqu'à l'obtention d'un sirop. Lorsque le savarin ou baba est encore tiède, imbibez-le dans le sirop également tiède et laissez 5 minutes sur la face du dessus, puis retournez pour imbiber l'autre face pour 5 minutes, quatre fois de suite.

Recette de Fabrice Gwizdak, boulanger-pâtissier

Au bon pain de France – 19, rue Raugraff – 54000 Nancy
Tél. : 03 83 32 12 30

Soupe de chocolat blanc-passion-lait de coco

Anne Roumanoff, chouchou de l'émission, méritait bien d'en être l'invitée principale. Comme elle est adorable et très bonne camarade, elle a trouvé cette recette de soupe de chocolat blanc délicieuse.

Ingrédients pour 4 personnes

340 g de jus de fruits de la passion frais (ou 75 cl de jus de fruits de la passion en bouteille)
50 cl de lait de coco
2 gousses de vanille grattées
400 g de chocolat blanc râpé
1 mangue

Le jus de fruits de la passion frais est obtenu à partir de la pulpe des fruits de la passion mixée et filtrée.

Dans une casserole, portez à ébullition le lait de coco, le jus de fruits de la passion et la vanille.

Hors du feu, versez et fouettez le chocolat blanc râpé. Vous obtenez alors un mélange très onctueux (ne surtout pas remettre sur le feu). Retirez les gousses de vanille pressées et filtrez. Mettez au frais.

Épluchez et coupez la mangue en gros cubes. Répartissez la soupe de chocolat dans les assiettes creuses et servez avec la mangue.

Strudel

Sylvie Vartan, qu'on ne se lasse pas de voir sur le canapé, est originaire de Hongrie où fut créé le célèbre strudel. Une pâtisserie qu'on peut manger sans restriction. Je n'ai pas hésité à tenter le pari de lui faire plaisir.

Ingrédients pour 6 personnes

1 kg net de pommes boskoop épluchées
1 citron jaune non traité
100 g de cerneaux de noix
100 g de beurre demi-sel
20 cl d'hydromel
100 g de raisins de Corinthe
50 g de biscuit sablé
100 g de miel de bruyère
3 pincées de cannelle

Pour la pâte

250 g de farine de fleur de froment Type 55, achetée chez le boulanger
80 g d'eau tiède
1 jaune d'œuf
1 cuillerée à soupe d'huile de colza
1 cuillerée à soupe de vinaigre de cidre
1 pincée de sel

Dans un saladier, versez l'eau tiède, ajoutez une pincée de sel, l'huile, le vinaigre et le jaune d'œuf. Délayez l'ensemble au fouet pour faire fondre le sel. Dans un autre saladier, faites une fontaine avec la farine et versez au centre le mélange précédent. Délayez avec une fourchette jusqu'à ce que la pâte colle à celle-ci. Finissez le mélange à la main. Fraisez la pâte (la malaxer avec la paume de la main) pendant 8 à 10 minutes : elle doit être homogène et lisse. Laissez reposer la pâte au minimum 1 heure sur un torchon. Couvrez d'un saladier sec préalablement ébouillanté. Le repos et la chaleur détendent le gluten de la farine et faciliteront l'abaisse (l'allonge) de la pâte.

Zestez le citron à l'aide d'une râpe ou l'éplucher et en faire des dés très fins. Concassez les noix à l'aide du couteau à talon. Réservez.

Faites bouillir l'hydromel et ajoutez les raisins. Ôtez du feu et couvrez. Écrasez grossièrement le biscuit pour en faire une chapelure. Réservez. Épluchez et évidez les pommes, coupez-les en dés. Ajoutez aux pommes les zestes de citron et la cannelle. Mélangez.

Dans une poêle à revêtement antiadhésif, amenez 50 g de beurre à coloration noisette et faites rissoler légèrement les noix concassées. Réservez. Égouttez les raisins de Corinthe.

Préchauffez le four à 210 °C (th. 7).

À l'aide du rouleau, abaissez la pâte très finement en prenant soin de ne pas la déchirer. L'opération est délicate ! Ajustez au couteau les bords de la pâte pour obtenir un beau rectangle de 45 x 35 cm. Déposez le rectangle de pâte sur un torchon légèrement fariné. Au pinceau, badigeonnez de beurre en pommade. Garnissez la pâte avec les pommes aromatisées, les raisins égouttés, les noix concassées froides, en répartissant les éléments de façon harmonieuse. À la cuillère, ajoutez sur la garniture 80 g de miel liquide. Repliez chaque bord de la pâte, sur 2 cm, afin de maintenir la garniture. À l'aide du torchon, roulez le tout pour former un strudel ou tourbillon (origine du nom de la recette). Faites glisser ce tourbillon sur la plaque à pâtisserie beurrée. Badigeonnez-le au pinceau avec le reste de beurre fondu. Enfournez pour 40 à 45 minutes.

À la sortie du four, finalisez le strudel en lui appliquant du miel liquide et éventuellement du sucre glace.

Nota bene

Cette gourmandise boulangère se sert tiède (surtout pas chaude), accompagnée d'un bon chocolat chaud pour les enfants.

Tapioca au lait

Jean-Luc Mélenchon est venu s'installer sur le canapé, égal à lui-même. J'avais imaginé lui faire plaisir en préparant un tapioca au lait, plat modeste s'il en est, ce ne fut pas exactement le cas...

Ingrédients pour 8 personnes

1 litre de lait
180 g de sucre
6 cuillerées à soupe de tapioca
4 jaunes d'œufs
100 g de crème fraîche
1/2 gousse de vanille (ou 1 sachet de sucre vanillé)

Dans une casserole, versez le lait, ajoutez le sucre et la demi-gousse de vanille fendue et grattée (ou le sucre vanillé). Portez à ébullition et remuez à l'aide d'un fouet. Hors du feu, couvrez et laissez infuser 7 ou 8 minutes.

Remettez la casserole sur le feu, à la reprise de l'ébullition, jetez le tapioca petit à petit et d'un peu haut pour qu'il retombe en pluie (sinon, il s'agglomère en pelotons), sans cesser de remuer. Laissez cuire 10 minutes en remuant toujours au fouet, jusqu'à ce qu'il devienne transparent.

Battez les jaunes d'œufs avec la crème fraîche. Versez dans la casserole contenant le tapioca, mélangez et comptez 1 minute d'ébullition. Transvasez dans un plat creux et laissez refroidir.

Nota bene
Ce grand classique de la cuisine familiale du siècle dernier peut se préparer à l'avance.

Tarte à la vergeoise brune et au confit d'endives

Quelquefois, je me suis dispensé de demander aux invités ce qu'ils aimaient. Petula Clark a fait partie de ces oublis volontaires. Pour une Anglaise, elle n'a pas boudé ce dessert du Nord.

Ingrédients pour 8 personnes

1 rouleau de pâte feuilletée ou brisée du commerce

Pour le confit d'endives

6 à 8 endives
50 g de beurre
100 g de vergeoise brune

Pour l'appareil

50 g de beurre
200 g de vergeoise brune
3 œufs entiers
20 cl de crème liquide

Préchauffez le four à 180 °C (th. 6).

Émincez les endives. Dans une cocotte, faites-les suer avec le beurre et ajoutez la vergeoise brune, puis mouillez à hauteur et laissez compoter jusqu'à l'obtention d'une confiture. Réservez.

Pour l'« appareil », faites fondre le beurre. Mélangez la vergeoise et les œufs, incorporez la crème et le beurre fondu.

Déposez la pâte à tarte dans le moule beurré. Relevez bien les bords, piquez le fond avec une fourchette, déposez une couche d'endives et ajoutez une fine couche d'appareil (réservez le reste). Faites cuire 10 minutes au four à 180 °C (th. 6). Retirez du four et versez le reste de l'appareil, puis remettez à cuire pendant 20 minutes, toujours à 180 °C.

Servez tiède.

Tarte au citron

Chantal Goya est venue sans son Jean-Jacques Debout. Elle est facilement joignable, facile à vivre, son choix était arrêté, un bon choix.

Ingrédients pour 6 personnes

1 rouleau de pâte sablée
5 citrons
150 g de sucre en poudre
3 cuillerées à soupe de crème fraîche entière
5 œufs entiers
1 noisette de beurre pour beurrer le moule
1 verre d'eau

Préchauffez le four à 190 °C (th. 6/7).

Étalez la pâte, déposez-la dans un moule beurré (si le moule est en Téflon ou si vous disposez du papier sulfurisé dans le moule, il n'est pas nécessaire de le beurrer). Piquez le fond de pâte avec une fourchette, recouvrez-le de papier sulfurisé et de haricots secs. Mettez au four 15 minutes. Sortez la tarte et débarrassez-la des haricots et du papier sulfurisé.

Passez les citrons sous l'eau, séchez-les et pressez le jus de 4 citrons. Dans un saladier, mettez le jus des citrons, 100 g de sucre, la crème fraîche, et fouettez énergiquement pour obtenir une consistance homogène. Ajoutez les œufs un à un tout en mélangeant. Versez le contonu sur le fond de tarte et mettez au four 15 à 20 minutes.

Pendant ce temps, coupez le citron restant en rondelles et mettez-les dans une casserole avec 1 verre d'eau, 50 g de sucre et faites confire à feu moyen 20 minutes environ. Sortez la tarte, disposez les rondelles de citron et laissez refroidir.

Servez froid.

Tarte au sucre

Recette réalisée pour Yves Coppens avec la salade au lard.

Ingrédients pour 6 personnes

250 g de farine
3 œufs entiers
10 g de levure de boulanger
125 g de beurre fondu
25 cl de crème fraîche liquide entière
125 g de sucre

Mélangez la farine, les œufs et la levure diluée dans un peu d'eau tiède. Ajoutez le beurre fondu, battez jusqu'à blanchiment de la pâte. Laissez reposer la pâte pendant 40 minutes dans le saladier recouvert d'un torchon, dans un endroit tiède et humide (un four éteint, mais encore tiède par exemple), pour qu'elle gonfle.

Déposez la pâte dans un moule à tarte chemisé. Laissez encore reposer et pousser 15 minutes.

Pendant ce temps, mélangez la crème liquide et le sucre.

Préchauffez le four à 180 °C (th. 6).

Versez l'appareil sur la pâte, après avoir fait quelques trous à l'aide d'une fourchette. Faites cuire pendant une vingtaine de minutes.

Recette de l'Auberge de l'Abbaye
08460 Signy-L'Abbaye
Tél. : 03 24 52 81 27

Tarte aux pommes alsacienne

Quelle femme adorable ! Spirituelle et sensible. J'ai eu beaucoup de plaisir à préparer pour Alexandra Lamy une tarte aux pommes alsacienne que ma grand-mère réalisait bien mieux que moi.

Ingrédients pour 6 personnes

350 g de pâte brisée
1 noisette de beurre pour beurrer le moule
350 g de pommes
2 cuillerées à soupe de confiture d'abricots
2 œufs entiers
2 cuillerées à soupe de crème fraîche
2 cuillerées à soupe de sucre en poudre
2 cuillerées à soupe d'amandes en poudre

Préchauffez le four à 220 °C (th. 7/8).

Étalez la pâte dans le moule beurré. Piquez le fond avec une fourchette, recouvrez éventuellement de haricots placés sur une feuille de papier sulfurisé et enfournez pour 10 minutes.

Pendant ce temps, épluchez les pommes, coupez-les en 12 quartiers.

Étalez la confiture d'abricots sur le fond de pâte, puis rangez soigneusement les quartiers de pommes. Mettez au four pour 20 minutes.

Dans un bol, battez les œufs en omelette avec la crème, le sucre et la poudre d'amandes. Mélangez bien. Après 20 minutes, versez la préparation sur la tarte et poursuivez la cuisson 15 minutes.

Servez tiède ou froid.

Tarte de potiron aux pruneaux

Quand on a souvent les mêmes invités sur le canapé, il faut savoir se renouveler. Pourquoi pas un dessert au potiron ? Ce légume s'y prête très bien. J'espère que Dany Boon a donné la recette à sa maman.

Ingrédients pour 6 personnes

200 g de pâte sucrée (sablée)
400 g de potiron
1/2 litre de lait
1/2 gousse de vanille
1 bâton de cannelle
250 g de cassonade
100 g de beurre
10 cl de crème fraîche
4 jaunes d'œufs
150 g de pruneaux dénoyautés

Étalez la pâte sucrée sur une tourtière et mettez-la à précuire avec les noyaux des pruneaux sur un papier d'aluminium pendant environ 10 minutes à 180 °C (th. 6). Sortez du four, retirez le papier et les noyaux.

Préparez le potiron, coupez-le en cubes. Faites infuser quelques minutes la gousse de vanille et le bâton de cannelle dans le lait bouillant, retirez-les, puis ajoutez les cubes de potiron avec 100 g de cassonade. Faites cuire 15 minutes. Passez au mixeur, ajoutez le beurre, la crème fraîche et les jaunes d'œufs. Passez cette crème au tamis fin pour enlever les fibres de potiron. Disposez sur le fond de tarte dans la tourtière, puis répartissez les pruneaux en les enfonçant dans la crème. Saupoudrez la tarte avec 100 g de cassonade, puis remettez au four pour 30 minutes. Retirez du four et faites chauffer le gril.

Saupoudrez la tarte avec la cassonade restante. Remettez la tarte sous le gril quelques minutes afin de caraméliser la cassonade. Servez tiède sur un plat de service.

Tarte sablée au chocolat

Liane Foly est folle de chocolat, une occasion inespérée de faire goûter cette exceptionnelle recette de Bernard Pacaud, trois étoiles depuis vingt-cinq ans en son restaurant l'Ambroisie. Comme il est timide, son fils, son digne successeur, a bien voulu la réaliser.

Ingrédients pour 6 personnes

100 g de couverture de chocolat amer
60 g de beurre
1 œuf entier + 2 jaunes
30 g de sucre

Pour la pâte sablée

150 g de farine
125 g de beurre ramolli à la température de la cuisine
80 g de sucre glace
1 œuf entier
1 cuillerée à soupe d'extrait de café
1 pincée de sel

Préparez la pâte. Dans un saladier, mélangez le beurre ramolli, le sucre glace, l'œuf battu, le sel et la cuillerée à soupe d'extrait de café. Quand le mélange est accompli, ajoutez petit à petit la farine et travaillez légèrement la pâte. Mettez la pâte en boule dans un linge humide et laissez reposer 2 heures dans le bac à légumes du réfrigérateur.

Étalez la pâte un peu épaisse à l'aide d'un rouleau à pâtisserie, puis installez-la soigneusement dans un moule à tarte de 20 cm de diamètre, très légèrement beurré. Insistez pour que la pâte adhère aux parois du moule. Piquez le fond avec une fourchette, puis remettez la pâte au réfrigérateur pendant 10 à 15 minutes.

Faites précuire la pâte dans un four préalablement chauffé à 180 °C (th. 6) pendant 10 à 15 minutes. Sortez la tarte du four, laissez refroidir.

Seulement à ce moment-là, commencez à préparer l'appareil à chocolat, en mettant dans une casserole au bain-marie le beurre et le chocolat. Laissez doucement fondre, puis mélangez. Dans un saladier, battez énergiquement l'œuf entier, les jaunes d'œufs et le sucre. Utilisez de préférence un batteur électrique à grande vitesse pour obtenir une consistance identique à celle des œufs montés en neige. Ajoutez le chocolat et le beurre fondu. Mélangez délicatement pour ne pas faire retomber les œufs montés. Garnissez le fond de tarte avec cet appareil. Faites cuire au four, toujours à 180 °C (th. 6) pendant 9 minutes. Sortez du four. Laissez la tarte refroidir pendant 30 minutes, puis saupoudrez-la de cacao et démoulez-la seulement à ce moment-là.

Tatin de mangue

Pour un spécial Dom-Tom, j'ai tenté une tarte tatin à la mangue. Depuis, j'en ai fait un grand classique de mes desserts maison.

Ingrédients pour 6 personnes

3 grosses mangues bien mûres
60 g de sucre de canne
60 g de beurre
1 pâte feuilletée pur beurre du commerce

Préchauffez le four à 180 °C (th. 6).

Pelez les mangues et coupez 4 grosses tranches sur chacune d'elles.

Dans un moule, faites fondre le sucre de canne et le beurre à feu doux jusqu'à l'obtention d'un caramel. Posez les tranches de mangue dessus et laissez cuire pendant 15 à 20 minutes. Couvrez le moule avec la pâte feuilletée bien froide et rabattez les bords pour fermer hermétiquement le moule. Mettez au four pour 20 minutes, puis sortez le moule et laissez reposer 15 minutes.

Posez le plat de service sur le moule. Retournez vivement. Les mangues caramélisées se retrouvent sur le dessus de la tarte.

Terrine de chocolat

Si tous les ecclésiastiques étaient aussi sympathiques et tolérants que l'évêque de Pau, Monseigneur Di Falco, la vie sur terre serait probablement un paradis. La gourmandise est un péché capital, visiblement il n'en avait cure.

Ingrédients pour 8 personnes

160 g de beurre mou
6 œufs
350 g de chocolat noir pâtissier
100 g de sucre en poudre
1 sachet de sucre vanillé

Coupez le beurre en morceaux et dans un saladier, laissez-le ramollir à température ambiante.

Séparez les blancs des jaunes d'œufs.

Cassez le chocolat en morceaux et faites fondre dans une casserole au bain-marie. Remuez doucement pour obtenir une pâte lisse, puis retirez la casserole du feu. Incorporez le beurre dans le chocolat chaud, laissez fondre, puis fouettez jusqu'à ce que le mélange devienne crémeux et léger. Ajoutez les jaunes d'œufs un à un, puis le sucre, sans cesser de remuer, pour obtenir une crème homogène.

Battez les blancs en neige ferme en ajoutant le sachet de sucre vanillé, puis mélangez à la préparation précédente. Procédez à cette opération avec délicatesse, en soulevant la masse de blancs montés, pour ne pas les briser.

Tapissez un moule à cake de film transparent en laissant largement dépasser les bords. Versez la préparation et placez au réfrigérateur pendant deux heures. Rabattez le film et remettez au frais jusqu'au lendemain. Servez avec une crème anglaise ou une crème Chantilly.

Suggestion

Vous pouvez incorporer à la préparation des zestes d'orange confits.

Tiramisu

Impressionnante, la Bellucci. Ensorcelante, gourmande. Elle m'a demandé un tiramisu, plat fétiche de son pays natal. J'ai craint que ce ne soit compliqué à réussir, pas du tout. Elle m'a embrassé pour me remercier, je n'osais plus me laver à l'endroit où elle avait posé ses lèvres.

Ingrédients pour 6 personnes

5 œufs
100 g de sucre en poudre
500 g de mascarpone
250 g de biscuits à la cuiller
Cacao en poudre pour le décor (à saupoudrer avant de servir)
1 pincée de sel

Pour le sirop

1 verre de marsala
1 tasse à thé de café fort (type expresso)

Préparez la crème. Séparez les jaunes des blancs d'œufs. Versez les jaunes dans un bol, ajoutez le sucre en poudre et travaillez au fouet pendant 5 minutes, jusqu'à l'obtention d'une crème blanche et mousseuse. Avec une cuillère en bois, travaillez le mascarpone jusqu'à obtenir une crème lisse et sans grumeaux. Incorporez le mascarpone avec le mélange sucre-œufs. Mélangez bien. Montez à part les blancs d'œufs en neige avec une pincée de sel. Ajoutez avec délicatesse la crème œuf/sucre/mascarpone aux blancs d'œufs.

Mélangez le marsala et le café fort (à température ambiante). Trempez les biscuits – ils doivent être imbibés, mais pas mous – dans une assiette creuse avec le sirop de café froid. Posez à mesure une couche dans le fond du plat, recouvrez toute la surface de crème, lissez avec une spatule. Ajoutez une nouvelle couche de biscuits et recouvrez avec le reste de la crème, lissez. Oubliez au minimum 3 heures au réfrigérateur.

Saupoudrez de cacao en poudre avant de servir.

Tôt-fait à la mirabelle

Ils ont repris la pièce mythique de Jean Poiret : La Cage aux folles. *Début septembre, c'est la reprise de la saison théâtrale et la pleine saison des mirabelles. Un petit dessert, tout simple, tout bête, qui a éclairé mon enfance : le tôt-fait à la mirabelle.*

Ingrédients pour 6 personnes

4 œufs entiers
125 g de sucre en poudre
80 g de farine
1 litre de lait
1 cuillerée à soupe de beurre
300 g de mirabelles

Préchauffez le four à 200 °C (th. 6/7).

Dans un saladier, battez les œufs avec une fourchette comme pour une omelette. Ajoutez le sucre, mélangez. Versez en pluie la farine, mélangez. Délayez le lait froid.

Beurrez un moule à bords hauts, ou une cocotte en fonte – comme le faisaient les grand-mères lorraines. Ajoutez les mirabelles sans les dénoyauter. Versez la préparation, puis mettez le moule dans le four pour 35 à 40 minutes.

Servez chaud dans le plat.

Tourte aux épinards

Mazarine Pingeot voulait un plat qui lui rappelle son enfance à Gordes. Je lui ai suggéré ce dessert aux épinards. Elle est timide, il m'a semblé qu'elle avait aimé, nous avons ensuite dîné ensemble. Est-ce la preuve ?

Ingrédients pour 8 personnes

100 g de raisins de Corinthe ou de Smyrne
1 verre d'eau-de-vie
2,5 kg d'épinards frais
3 pommes
1 citron
3 figues sèches
1 macaron nature
1 cuillerée à soupe de pignons de pin
2 œufs entiers
1 cuillerée à soupe d'huile d'olive extra vierge
4 cuillerées à soupe de gelée de groseille
Sucre glace

Pour la pâte sablée

175 g de beurre
250 g de farine à pâtisserie
1/2 sachet de sucre vanillé (à la vanille naturelle de préférence)
70 g de sucre semoule
1 œuf entier
1 pincée de sel

Préparez la pâte sablée. Travaillez le beurre en pommade. Dans un saladier, versez la farine en fontaine. Mettez le beurre au centre avec le sel, le sucre vanillé et le sucre semoule. Mélangez l'ensemble rapidement. Ajoutez l'œuf et travaillez encore rapidement. Faites une boule du mélange ainsi obtenu, farinez légèrement. Enveloppez dans un torchon et laissez au réfrigérateur 1 h 30.

Mettez les raisins secs dans un bol avec un petit verre d'eau-de-vie. Laissez macérer. Rincez et égouttez les épinards. Faites cuire les épinards quelques minutes dans de l'eau bouillante, égouttez-les. Plongez-les dans un saladier d'eau glacée pendant 1 minute, égouttez-les, puis hachez-les grossièrement. Pelez, coupez les pommes en fines rondelles et citronnez-les. Mettez-les

dans un saladier. Ajoutez les figues coupées en petits morceaux, le macaron émietté et les pignons de pin. Incorporez les épinards et les raisins secs égouttés.
Battez les œufs entiers à la fourchette et mélangez-les aux ingrédients dans la terrine. Huilez une tourtière assez profonde de 27 cm de diamètre. Abaissez la pâte sur 5 mm. Garnissez la tourtière avec la moitié de la pâte, puis versez-y la garniture. Nappez le tout avec la gelée de groseille. Recouvrez avec le reste de pâte pour former un couvercle. Soudez les bords. Réalisez une cheminée au centre. Faites cuire pendant 40 minutes à four chaud (200 °C th. 6/7).

Saupoudrez de sucre glace à la sortie du four. Cette tourte se mange en dessert, tiède ou froide.

Nota bene

La pâte sablée se travaille à mains nues, pas de robot, ni batteur, ni cuillère en bois. L'homme, sa main, les ingrédients. Cette pâte est idéale pour recevoir les fruits rouges. Framboises, fraises, groseilles, cassis, mûres se promèneront sur cette pâte comme la belle Otero aux bois avec son dernier amant.

Les pâtes à tarte sablées, sucrées ou salées, quelle que soit leur formule, sont très fragiles à étaler. Il est préférable de choisir des moules de dimensions moyennes et d'en prévoir deux plutôt que de tenter l'impossible avec un grand diamètre.

Cette pâte se cuit le plus souvent à blanc, c'est-à-dire vide. Une fois le moule beurré garni de pâte, on le tapisse de papier sulfurisé recouvert de légumes secs. Le haricot fait merveille, quelles que soient sa couleur et son origine botanique. Il existe même des haricots en métal spécialement destinés à ce genre d'opération. On enfourne la pâte pour vingt minutes environ si elle ne doit pas recuire, et pour quinze minutes seulement si on doit la remettre au four avec la préparation.

Tourtisseaux (ou merveilles)

Ségolène Royal, élue des Deux-Sèvres. Beaucoup de bons produits dans cette région ! Une motte de beurre ou un chabichou ne font pas nécessairement une émission. La confiture d'angélique, oui, accompagnée de tourtisseaux, de plus réalisés par le magnifique Philippe Legendre, à l'époque le chef du George-V.

À faire la veille

Ingrédients pour 6 à 8 personnes

300 g de beurre pommade
40 g de sel
100 g de sucre
10 œufs entiers
Fleur d'oranger
2 kg de farine
400 g de lait tiède

Mélangez ensemble tous les ingrédients, puis ajoutez la farine et le lait tiède. Laissez reposer la pâte une nuit dans un saladier recouvert d'un papier film – légèrement imbibé de beurre fondu étalé au pinceau – afin que la pâte ne croûte pas.

À l'aide d'un rouleau, étalez la pâte sur une épaisseur de 0,5 cm, le plus régulièrement possible. Découpez les tourtisseaux en losanges, en lanières ou toutes autres formes souhaitées.

Préchauffez votre huile à 180 °C environ.

Mettez les tourtisseaux dans l'huile bien chaude avec précaution afin de ne pas vous brûler. Avec une écumoire, retournez-les régulièrement afin d'uniformiser la coloration. Retirez-les avant la couleur souhaitée, car le tourtisseau continue à cuire quelques minutes hors de la friture.

Après cuisson, déposez-les sur un papier absorbant pour éponger l'excédent de matières grasses, puis roulez-les dans le sucre glace et servez.

Nota bene

Les tourtisseaux peuvent être dégustés avec de la confiture d'angélique (spécialité des Deux-Sèvres).
Recette du chef Philippe Legendre

Tuiles aux amandes et noisettes

Ingrédients pour 60 pièces

200 g de sucre semoule
40 g de farine
150 g d'amandes effilées
100 g de noisettes effilées
4 blancs d'œufs
100 g de beurre
1 cuillerée à soupe de lait dans une soucoupe

Dans un saladier, mélangez le sucre, la farine et les amandes et noisettes effilées. Ajoutez, en remuant à la spatule ou au fouet, les blancs d'œufs, puis la moitié du beurre fondu (50 g). Laissez reposer la pâte pendant 1 heure – vous pouvez également la préparer la veille et la garder au frais, couverte.

Préchauffez le four à 180 °C (th. 6).

Beurrez la plaque de cuisson avec un pinceau trempé dans le restant de beurre fondu (50 g).
À l'aide d'une cuillère, déposez sur la plaque des petits tas de pâte, 5 x 3 cm, bien écartés les uns des autres. Étalez légèrement chaque petite masse de pâte avec le dos d'une fourchette trempée dans le lait. Mettez au four 15 minutes. Surveillez la cuisson après les dix premières minutes. Le bord des tuiles doit dorer et le centre rester blanc.

Sortez la plaque du four. Soulevez les tuiles à l'aide d'une spatule métallique ou d'un couteau de peintre, déposez-les toutes chaudes, bien à plat, sur une grille, ou à cheval sur un rouleau à pâtisserie, une bouteille ou un manche à balai (!). Laissez refroidir.

Répétez l'opération quatre fois de suite pour les proportions de pâte indiquées. Conservez les tuiles dans une boîte métallique à l'abri de l'humidité.

Nota bene
Vous pouvez également employer des amandes et noisettes hachées. Vous pouvez aussi faire des tuiles plus grandes et faire cuire 8 ou 10 pièces à la fois.

Index par produits

Poivron

Pomme

Pomme de terre

Porc

Potiron

Poulet

Index des personnalités

Tables des matières

Les entrées

Les potages

Les légumes

Les poissons

Les plats

Les desserts

Suite de la page du même auteur

Aux éditions Seven Sept

Ce que nous mangeons, 2005

Aux éditions Stock

SOS Cuisine, 2006 (Marabout, 2007)
Le Coffe malin, 2005 (Pocket, 2005)

Aux éditions du Rouergue

Le Banquet de Bacchus éloge de l'ivresse, 2002

Aux éditions Balland

Au bonheur des fruits, 1996
Coffe, 1995
À vos paniers, 1993

Aux éditions Le Pré aux Clercs

Au secours le goût, 1992 (Presses-Pocket, 1993)
Le Vrai vivre, 1989 (Presses-Pocket, 1991)
Le Bon vivre, 1989 (Presses-Pocket, 1991)

Aux éditions Le Signe

Gourmandise au singulier, 1979

Site internet : www.jeanpierrecoffe.com

Mise page par Meta-systems
59100 Roubaix

Cet ouvrage a été achevé d'imprimer en décembre 2012
sur les presses de Normandie Roto Impression s.a.s.
61250 Lonrai
N° d'imprimeur : 124834

Imprimé en France